EL CIELO Y EL INFIERNO
Un mensaje de esperanza
y advertencia para creyentes

EL CIELO Y EL INFIERNO

*Un mensaje de esperanza
y advertencia para creyentes*

David Pawson

Anchor

Copyright © 2023 David Pawson Ministry CIO

Originalmente publicado en inglés con el título:
HEAVEN AND HELL
A message of hope and warning to believers

El derecho de David Pawson a ser identificado
como el autor de esta obra ha
sido afirmado por él de acuerdo con la
Ley de Copyright, Diseños y Patentes de 1988.

Traducido por Alejandro Field

Esta traducción internacional en español se publica
por primera vez en Gran Bretaña en 2023 por
Anchor, que es el nombre comercial de David Pawson Publishing Ltd
Synegis House, 21 Crockhamwell Road,
Woodley, Reading RG5 3LE

Ninguna parte de esta publicación podrá ser reproducida o
transmitida de ninguna forma o por ningún medio, electrónico
o mecánico, incluyendo fotocopia, grabación o ningún sistema
de almacenamiento o recuperación de información,
sin el permiso previo por escrito del editor.

**Si desea más de las enseñanzas de David Pawson,
incluyendo DVD y CD, vaya a
www.davidpawson.com**

**PARA DESCARGAS GRATUITAS
www.davidpawson.org**

**Si desea más información, envíe un e-mail a
info@davidpawsonministry.org**

ISBN 978-1-913472-70-2

Impreso por Ingram

Índice

1. El regreso de Cristo, parte 1   9
2. El regreso de Cristo, parte 2   27
3. El regreso de Cristo, parte 3   43
4. El castigo del infierno, parte 1   59
5. El castigo del infierno, parte 2   75
6. La recompensa del cielo   91

Este libro está basado en una serie de charlas. Al tener su origen en la palabra hablada, muchos lectores encontrarán que su estilo es algo diferente de mi estilo habitual de escritura. Es de esperar que esto no afecte la sustancia de la enseñanza bíblica que se encuentra aquí.

Como siempre, pido al lector que compare todo lo que digo o escribo con lo que está escrito en la Biblia y, si encuentra en cualquier punto un conflicto, que siempre confíe en la clara enseñanza de las escrituras.

David Pawson, 1930 - 2020

CAPÍTULO 1

EL REGRESO DE CRISTO (PARTE 1)

Muchos de nosotros tenemos una actitud ambigua ante el futuro. Tenemos una mezcla de fascinación y temor. Nos gustaría saber lo que va a ocurrir, pero no estamos seguros de querer saberlo. Supongamos que yo tuviera un don único de conocimiento – la palabra de conocimiento – y pudiera decirle la fecha de su muerte. ¿Le gustaría saberlo? Aunque fuera dentro de cincuenta años, ¿le gustaría saberlo? No. Algunos, como yo, no lo creerían aunque fuera dentro de cincuenta años. Pero, ya ve, tenemos esta extraña curiosidad: queremos saber lo que va a pasar y luego tenemos miedo de saberlo. No queremos celebrar el día de nuestra muerte igual que nuestro cumpleaños cada año.

¿Le gustaría eso, o prefiere permanecer en la ignorancia? ¿Le gustaría saber cuándo se va a acabar el mundo? En realidad, los científicos nos dicen ahora una fecha en la que creen que el mundo, tal como lo conocemos, llegará a su fin. Pero podrían estar equivocados. Tenemos esta extraña ambigüedad sobre el futuro. Hay tres formas en las que la gente intenta averiguar el futuro. La primera que quiero mencionar es lo que yo llamo adivinación supersticiosa, clarividencia, horóscopos. Se ha afirmado que seis de cada diez hombres y siete de cada diez mujeres leen su horóscopo cada día en este país. Por eso las revistas y los periódicos tienen sus columnas de estrellas. Me complace decirles que no sé bajo qué signo del zodíaco nací y no voy a decirle mi fecha de nacimiento porque no quiero que lo sepa.

Prefiero permanecer en la ignorancia, pero la gente intenta averiguar por los astros o por videntes cuál es su futuro. Los clarividentes nunca han acertado más de un cinco por ciento en sus predicciones o, dicho de otro modo, todos se han equivocado al menos en un noventa y cinco por ciento. Entonces, ¿por qué la gente acude a ellos y por qué la gente lee sus estrellas?

La segunda forma de conocer el futuro es un poco más precisa. Yo la llamo la vía de la deducción científica. Ahora hay profesores de futurología en muchas universidades, y lo que hacen es extrapolar las tendencias actuales hacia el futuro e intentar calcular y adivinar con la mayor precisión posible lo que va a ocurrir.

El Instituto Tecnológico de Massachusetts es uno de los organismos más importantes dedicados a esta tarea. Algunos investigadores han propuesto una fecha para el fin del mundo: 2050. Dicen que, dado el crecimiento demográfico actual y los recursos energéticos y alimentarios de nuestro planeta, ése es el punto de inflexión a partir del cual la vida será imposible a menos que podamos cambiar algunas de las tendencias actuales, a menos que podamos limitar el crecimiento demográfico o encontrar nuevas fuentes de energía. Por tanto, si es 2050, según ellos, nos quedan menos de treinta años. Por cierto, estudiosos en Guildford llegaron a la misma cifra. Así que se habla libremente del año 2050. La deducción científica sobre el futuro es exacta en un veinticinco por ciento o, por decirlo negativamente, es errónea en un setenta y cinco por ciento.

Hay una tercera forma de averiguar el futuro que es aún más exacta, que es la vía de la declaración bíblica.

De modo que podemos recurrir a la superstición, a la ciencia o a las escrituras. Hay pocas personas se dan cuenta de que la Biblia está llena de predicciones. Aproximadamente uno de cada cuatro versículos de la Biblia contiene una predicción. En total, hay setecientos treinta y cinco acontecimientos diferentes predichos en las páginas de la Biblia. ¿Hasta qué punto ha sido exacta la Biblia? Tal vez sea algo nuevo para usted, pero quinientas noventa y seis de esas predicciones ya se han cumplido al pie de la letra. Es decir, algo más del ochenta por ciento.

Eso no significa que solo el ochenta por ciento de las predicciones de la Biblia sean exactas, porque la mayoría de las demás se refieren al fin del mundo, por lo que no pueden haber sucedido todavía. De hecho, quedan menos de veinte por ocurrir antes del regreso de Jesús al planeta Tierra. Hasta ahora, la Biblia ha demostrado ser cien por cien exacta en sus predicciones. Entonces, ¿por qué la gente acude a la superstición o a la ciencia cuando podría leer sobre el futuro aquí, y saber que un libro que ha acertado en el ochenta por ciento de sus predicciones probablemente acertará en el otro veinte por ciento, especialmente sobre los acontecimientos del final de la historia, el fin de nuestro mundo?

De todos esos sucesos de las setecientas treinta y cinco predicciones, hay uno que aparece trescientas dieciocho veces en la Biblia. Es la predicción más frecuentemente mencionada de todas: Jesucristo, que vivió en la tierra hace dos mil años, va a volver al planeta Tierra. Así que estamos hablando del acontecimiento más predicho incluso en la Biblia y de algo que es absolutamente seguro que sucederá. Podríamos decir muchas cosas al respecto. Pero vamos a hacer una serie de preguntas sencillas. En primer lugar, ¿a dónde va a volver? En segundo lugar, ¿cómo va a volver? En tercer lugar, ¿cuándo va a volver? En cuarto lugar, y mucho más importante, ¿por qué va a volver?

Hay muchos cristianos que creen que regresará pero que nunca han pensado por qué necesita hacerlo. ¿No hizo todo lo que tenía que hacer en la primera visita? ¿Por qué necesita volver? Y luego está la cuestión más práctica de todas: ¿cómo nos afecta a nosotros? Permítame hacerle una pregunta para abrirle el apetito. Supongamos que Jesús no volviera aquí. Supongamos que se queda donde está, en el cielo, y que nosotros vayamos a reunirnos con él allí cuando muramos y nos quedemos allí con él para siempre, y que después de eso se creen un cielo nuevo y una tierra nueva. Supongamos que no vuelva aquí, sino que todos vayamos a reunirnos con él allí y nos quedemos allí con él, ¿hará eso alguna diferencia en la forma en que vivamos el próximo lunes por la mañana?

Piénselo bien. Es una buena pregunta para hacerse. Vayamos a la primera pregunta. ¿A dónde volverá? Quiero decir de entrada que cuando regrese no lo hará a Inglaterra, ni a Estados Unidos, ni a Rusia. No volverá a ninguna de las capitales del mundo. No volverá a ninguna de las capitales religiosas. No volverá a Roma. No volverá a Ginebra, ni a Canterbury, ni a Nueva York, ni a Pekín. Entonces, ¿a dónde va a volver? La respuesta que da la Biblia es bastante clara. Volverá a su ciudad, la ciudad que él llamó la ciudad del gran rey, Jerusalén. Allí es donde debemos estar si queremos encontrarnos con él. Esa es la ciudad de la que salió y esa es la ciudad a la que regresa.

Ahora bien, algunas personas piensan vagamente que va a volver a todas partes. No estoy muy seguro de que hayan pensado como puede hacer eso, especialmente porque el regresa en un cuerpo, y un cuerpo nos ubica en un lugar, y no podemos estar en dos lugares a la vez cuando estamos en un cuerpo. Jesús vuelve con su cuerpo. Una tradición dice que ese cuerpo medía un metro con setenta y ocho centímetros. No sé si es exacto, pero lo menciono para que se dé cuenta de que el elemento físico es real. Él regresa en su cuerpo judío. Por lo tanto, tiene que volver a un lugar, y no puede volver a todas partes a la vez. Significa que tendremos que ir y unirnos a él; de hecho, es lo que haremos. Como mencionaré más adelante, tendremos nuestro primer vuelo gratis a Tierra Santa. Volverá a un lugar específico en su cuerpo y nos reuniremos con él en ese lugar, y ese lugar es Jerusalén. Ese es el lugar donde sucedió todo lo que nos ha permitido convertirnos en cristianos.

Pasemos a la segunda pregunta: ¿cómo volverá? En primer lugar, quiero establecer un gran contraste con su primera venida.

El regreso de Cristo, parte 1

Cuando vino por primera vez, casi nadie lo sabía. De hecho, durante los primeros nueve meses que estuvo en la tierra solo lo supieron dos personas. Cuando nació, solo un puñado de pastores y unos pocos hombres sabios de Oriente lo sabían. De hecho, todo pasó casi inadvertido. Su primera venida nunca habría aparecido en la prensa. Nadie se dio por enterado. La señal en el cielo de su primera venida pasó desapercibida, salvo para los que estaban atentos y estudiaban esas cosas. Era un pequeño punto de luz que señalaba el lugar donde nació, pero la mayoría de la gente ni siquiera se fijó en esa estrella. Algunas personas han intentado persuadirme de que el hecho de que los reyes magos siguieran a la estrella significa que la astrología está en la Biblia y está bien. Nada más lejos de la realidad. La creencia básica de la astrología es que la posición de las estrellas afecta al bebé cuando nace. Pero en Belén era la posición del bebé la que afectó las estrellas, que es completamente lo contrario. Fue solo un pequeño puntito de luz lo que señaló su primera venida. Se nos dice que para su Segunda Venida todo el cielo se iluminará como un relámpago de este a oeste. Todo el cielo resplandecerá y todo el mundo sabrá que ha ocurrido algo de una importancia única. Mientras que la primera venida fue tan silenciosa, tan desapercibida, tan humilde, la Segunda Venida será un contraste total. Quiero darles una pequeña lección de griego. Hay tres palabras griegas que se usan en el Nuevo Testamento sobre su Segunda Venida que no se usaron sobre la primera, cada una de las cuales es muy significativa.

La primera es parousia, que significa una llegada importante. En el mundo antiguo, se utilizaba para designar la llegada de un personaje real: el rey o la reina que venían de visita. También se utilizaba para referirse a un ejército invasor. Por ejemplo, la llegada del Día D fue una parousia, porque ocurriría algo que cambiaría toda la situación. Esa es la primera palabra. Es una llegada de tremendo significado.

La segunda palabra griega es epiphania, que no significa

llegar, sino aparecer. ¿Ha estado alguna vez en Pall Mall, de pie alrededor del monumento a Victoria en una ocasión nacional, y ha mirado hacia el balcón del palacio de Buckingham, ese balcón del primer piso, y ha esperado a que los lacayos abrieran esas puertas francesas, y entonces la familia real aparece en el balcón, el momento que todo el mundo ha estado esperando? La multitud lanza un gran grito de emoción. Eso es lo que significa esta segunda palabra. Significa salir al balcón donde todo el mundo puede ver a alguien que aparece ante la gente. Jesús no hizo eso en su primera venida.

La tercera palabra es apokalupsis, que significa ser descubierto: no aparecer desnudo sino aparecer como realmente es. En su Segunda Venida, no verán a un bebé acostado en un pesebre. Aparecerá como realmente es, el Hijo de Dios en toda su gloria. Si alguna vez ha visto a la reina llegando a la apertura del Parlamento, habrá notado cómo tiene su corona y sus joyas y se sienta en toda su gloria. Ella aparece como la reina de Inglaterra y, cuando Jesús regrese, aparecerá tal como es. Estará descubierto y la gente verá su gloria. Cuando vino la primera vez, esa gloria estaba cubierta. Todas las pinturas que lo representan con un halo son inexactas. El no andaba con una aureola encima.

Si hubiera sido así, la gente habría hecho preguntas pero, en realidad, no veían ninguna belleza que les hiciera desearlo. Para la mayoría de la gente, era simplemente un carpintero de Nazaret. Esa gloria estaba oculta pero, cuando venga por segunda vez, no estará oculta en absoluto. Todo el mundo la verán. Por lo tanto, hay un contraste muy grande entre su primera venida y su segunda venida. Pero no hay un contraste entre su primera ida y su segunda venida. ¿Les parece extraño? Le explicaré lo que quiero decir. Supongamos que usted hubiera estado en el Monte de los Olivos con una cámara de vídeo el día en que Jesús ascendió al cielo y regresó a casa para estar con su Padre. Y supongamos que hubiera podido grabarlo hasta que desapareció en las nubes. Si tuviera ese vídeo y pudiera reproducirlo al revés, tendría una película exacta de su segunda venida, porque los ángeles en su ascensión dijeron a los hombres que estaban mirando al cielo: "¿Por qué seguís mirando al cielo? Volverá exactamente de la misma manera que lo vieron partir". Así que, mientras que su segunda venida es un completo contraste con su primera venida, es exactamente igual que su primera ida, excepto que será al revés, y aparecerá de entre las nubes. Por cierto, eso significa que en ese momento habrá viento del oeste. Puedo decir esto porque en Israel solo hay nubes si el viento viene del oeste. Cuando viene de cualquier otra dirección viene del desierto, y es un viento seco y caliente, pero cuando viene del Mediterráneo recoge humedad y se puede ver una pequeña nube formándose que no es más grande que la mano de un hombre, que se vuelve cada vez más grande y entonces habrá lluvia. Por lo tanto, sabemos que el viento será del oeste. Una vez más, al mencionar esto quiero que se dé cuenta de que estamos hablando de la realidad y no de algo de un vitral o de un cuento de hadas. Estamos hablando de algo que sucederá en este mundo nuestro, con el viento soplando desde el oeste y esos cúmulos de nubes. Me encanta volar por encima de las nubes. ¿A usted? Mirar las nubes iluminadas por el sol desde arriba es lo más cercano que verá, en términos físicos, a la gloria shekinah de Dios. Porque siempre encontramos nubes asociadas con la gloria del Señor, y estoy seguro de que los cúmulos son lo más cercano a esa gloria, por la forma en que se elevan como una cadena montañosa con el sol brillando sobre ellas.

Así es como vendrá. Le he dicho lo que podrá ver, pero mejor le digo lo que va a oír. Si no le gustan las reuniones ruidosas, será mejor que no esté presente. Será la reunión más ruidosa que jamás se haya celebrado, así como la más grande. Mi abuelo, que era pastor, está enterrado en Newcastle upon Tyne. En su lápida hay tres palabras. No son "Descansa en paz", ni tampoco algo de la Biblia. Son del himnario. Son de un viejo himno metodista y estas son las tres palabras: "What a meeting!" (¡Qué reunión!).

Creo que la gente debe pararse y mirar esa lápida y preguntarse qué significa.

Los cristianos a veces llenan sus agendas con reuniones, pero ¡qué reunión será esa! Será la más grande, y no habrá un estadio en la tierra para celebrarla, así que tendremos que celebrarla en el aire. Eso será cuando tendrá su vuelo gratis a Tierra Santa. ¡Pero qué ruido! Habrá arcángeles gritando a más no poder, habrá trompetas que harán tanto ruido como para resucitar a los muertos; de hecho, eso ocurrirá. He aquí un hermoso pensamiento: no se preocupe por morir antes de que esto suceda porque si muere antes tendrá un asiento delantero. Eso es lo que dice la Biblia. Pablo dice a los Tesalonicenses: "No se aflijan por los que ya han muerto. No se van a perder nada". ¡Ni mucho menos! Cuando descienda del cielo con el sonido de una trompeta, los muertos resucitarán primero. Significa que ellos llegarán primero y nosotros, los que estemos vivos, los alcanzaremos. Por eso, Pablo dice: "Anímense unos a otros con estas palabras".

Si morimos primero, tendremos un asiento delantero, así que ganamos de cualquier manera. Si no morimos primero, obtendremos un nuevo cuerpo de inmediato y no se requerirán las medidas de la funeraria, así que son buenas noticias. Así es como aparecerá. Habrá millones y millones. Hoy hay 2.400 millones de personas que profesan creer en Jesús, así que será un gran encuentro. Por no hablar de todos los ángeles, y hay miríadas de ellos que se unirán también. No puedo imaginar cómo será el canto.

¿Cuándo vendrá? Aquí nos encontramos con problemas. Los cristianos son muy buenos para intentar adivinar fechas. Anoté algunas de las fechas que los principales cristianos han mencionado. Había un hombre llamado Miller que dijo que sería en 1843. Por cierto, si usted va a adivinar la fecha de la Segunda Venida mi consejo es poner una fecha mucho después de que usted estará aquí porque entonces usted no tendrá que estar para

El regreso de Cristo, parte 1

enfrentar el hecho. Es mucho más sabio pensar en una fecha muy lejana que en una del futuro inmediato. Miller dijo que sería 1843 y esa predicción vino del movimiento Adventista del Séptimo Día. Luego hubo un hombre llamado Russell que dijo que sería en 1914. De él vino el movimiento de los Testigos de Jehová. Pero para que no piensen que son solo las sectas las que adivinan la fecha de la Segunda Venida, déjeme decirle que Martín Lutero dijo que sería en 1636. Eso fue "sabio", porque dijo que estaría muerto para entonces. Juan Wesley fue igualmente "sabio" cuando dijo 1874. A la mayoría de los cristianos les encanta tratar de resolverlo y consiguen pequeños programas y reúnen los detalles. En nuestros días, ha habido mucha gente que dice: "Somos la última generación". ¿Lo escuchó? Mucha gente me ha preguntado: "¿Cree usted que será en nuestra vida?". Todas las generaciones lo esperan.

Pero Jesús mismo dijo: "De aquel día y de aquella hora nadie sabe, ni siquiera el Hijo. Solo el Padre guarda esa fecha". Por lo tanto, es bueno ser muy cauteloso cuando alguien nos dice: "Yo sé la fecha". Dicho esto, voy a decirle que creo saber el mes, aunque no sé el año. Volveré sobre ello en breve. Ahora bien, si el propio Jesús desconocía la fecha, ¿es posible que nosotros la conozcamos? Sus discípulos le preguntaron: "Jesús, ¿cuáles serán los signos de tu venida, las señales de tu venida? ¿Cómo sabremos cuándo va a suceder?". Jesús les dio señales. Les dijo: "Estén alerta y oren". ¿A qué debemos estar alerta? No podemos estar alerta a su venida, de lo contrario tendríamos que andar todo el día mirando al cielo. No quiso decir estar alerta a su venida. Dijo: "Estén alerta a las señales de mi venida". Nos dijo exactamente cuáles son. Hace muchos años solía ir y mirar los trenes. Todavía lo hago, en realidad. De niño me encantaba mirar trenes y, en aquella época, era el Ferrocarril de Londres y el Noreste (LNER) el que pasaba por mi ciudad natal, Newcastle upon Tyne. Lo que quizá no sepa es que justo a la salida de la estación central de Newcastle estaba el cruce a nivel más grande del mundo. Solía ir al final del andén, con vistas a ese enorme cruce donde todas las líneas de Londres y el sur se cruzaban con todas las líneas de Escocia y el norte. Es, por lejos, el mejor lugar de todo el país para ver trenes. Aprendimos muy pronto a estar atentos a las señales que nos indicaban cuándo venía el tren.

Había cuatro señales que uno buscaba. En aquellos días, las señales no eran bombillas eléctricas. Eran un gran brazo que bajaba y subía. ¿Las recuerda? Estaba la señal de distancia, que era amarilla con rayas negras y una especie de horquilla en el extremo. Era la señal de distancia más lejana. Luego estaba la señal de llegada exterior, roja. Luego estaba la señal de llega interior y, por último, lo que se llamaba la señal de arranque, que estaba justo en el andén y daba vía libre para que el tren arrancara desde el andén. Decía que el siguiente trozo de línea está abierto. Solíamos observar estas cuatro señales. Cuando la lejana se apagaba, sabías que el tren estaba a unas millas de distancia. La señal de llegada bajaba cuando el tren estaba en la siguiente sección.

Con la señal de llegada interior nos emocionábamos mucho, porque sabíamos que el tren estaba muy cerca y, cuando bajaba la de arranque, allí estaba. Podíamos saber lo cerca que estaba el tren. Jesús dio a sus seguidores cuatro señales, cuatro signos, y son muy claros. Dijo que estas eran las señales que debían observar. Dijo: La primera que verán será en el mundo exterior, así que estén atentos a la primera señal. La segunda será en la iglesia, así que estén atentos a la segunda señal. La tercera será en el Medio Oriente, así que observen el Medio Oriente para la tercera señal. La cuarta será en el cielo y ustedes verán esa señal en el cielo.

Los cristianos se hacen un lío con todas estas señales, pero yo he tomado estas cuatro señales directamente de Jesús. Mi principio es comenzar con lo que Jesús dijo y ajustar todo lo demás en la Biblia a lo que él dijo. Él nos dio este marco muy simple en el cual podemos encajar todos los otros detalles. La

El regreso de Cristo, parte 1

primera señal está en el mundo, y consiste en catástrofes. Jesús mencionó tres en particular: terremotos, guerras y hambrunas. Dijo: "Van a ver más y más de estas cosas".

Estaba en Filipinas, en la ciudad de Baguio. No había oído que hubieran tenido un terremoto tan grave, pero me quedé mirando la espantosa ruina del Hotel Internacional Hyatt. Quince pisos y acababa de derrumbarse. Estaban rociando desinfectante con una manguera sobre las ruinas porque no podían sacar a ninguno de los cadáveres. Todos los turistas americanos y japoneses quedaron sepultados; las calles se abrieron en grandes grietas. Nunca había estado en un terremoto como ese, así que no podía imaginarme lo que debió haber sido.

Hambrunas: hay muchas, y cada vez más. Guerras: no me había dado cuenta de que ha habido doscientos conflictos desde la Segunda Guerra Mundial, algunos de los cuales continúan. Jesús dijo que, cuando oigamos todas estas cosas, ésa es la señal número uno.

Dijo: "No se angustien", porque eso no es el final, sino el principio. Estos no son dolores de muerte sino dolores de nacimiento. Es doloroso, pero es el dolor de las contracciones de un nuevo universo que viene. Esto le da una perspectiva totalmente diferente. No significa que los cristianos seamos insensibles o poco comprensivos con las víctimas de estas catástrofes, pero no decimos: "No sé en qué terminan las cosas". Decimos: "Sé en qué terminan las cosas". Esa es una buena frase para dar testimonio. Cuando alguien diga: "No sé a dónde va el mundo", diga en voz baja: "Yo sí lo sé", y vea qué pasa. Tendrá una buena forma de comenzar una conversación. Jesús enseña que son como las primeras contracciones que siente una futura madre. Son el comienzo de algo, no el final de algo.

Algo va a nacer de todo este dolor, de estos dolores de parto. Algo va a nacer de los dolores de parto del universo. De hecho, Pablo habla de que toda la creación gime y está de parto. Podemos oír los terremotos. Gimen. Están de parto. Los terremotos son desastres naturales. Las guerras son desastres causados por el hombre. Las hambrunas pueden ser un poco de ambos. Jesús dice que es el principio del fin. Pero es un principio que sigue, así que no se angustien. Les advierte que, cuando todos estos desastres estén llenando el mundo, dará una oportunidad única para que surjan falsos mesías, falsos cristos. Estamos recibiendo una gran cantidad de ellos. Una vez leí en una revista de fin de semana de un hombre que dijo, "Yo soy Yavé, y he venido a salvar al mundo". Estos individuos han estado apareciendo por todas partes.

Es que, cuando el mundo está temblando con desastre tras desastre, la gente busca a alguien que la ayude a salir de sus problemas. Buscan a alguien en quien puedan confiar y buscan a un hombre fuerte. Eso da una oportunidad única para falsos cristos. Podemos esperar un número creciente de estos falsos mesías que aparecerán en nuestros días debido a todos los desastres que se avecinan. Hemos visto la señal número uno y el peligro que acompaña a la señal número uno: el peligro de falsos cristos. Pero es muy poco probable que los cristianos sean engañados por falsos cristos.

Hace algún tiempo recibí una carta de una persona de Staffordshire que decía: "Querido David, compré una de tus cintas pensando que eras un cantante de gospel, pero me decepcionó ver que no había música, sino solo conversaciones. Pero he escuchado la cinta y soy yo de quien hablabas. Soy Cristo. He venido a salvar el mundo". Usó catorce páginas para decirme esto, con buena gramática, excelente caligrafía. Vamos a ver mucho de esto a medida que los desastres sacudan a la gente; proporciona un vacío espiritual en el que los falsos mesías pueden entrar.

Ahora la señal número dos. Esta será en la iglesia, y consta de tres características, así como la primera señal consta de tres características, tres tipos de desastre: terremoto, guerra y hambre. La segunda señal tiene tres partes, pero esta vez todas aparecen en la iglesia. Número uno es persecución universal, la iglesia odiada por todas las naciones y bajo presión en todas partes. Esto nunca ha sucedido en los últimos dos mil años, pero está más cerca de suceder ahora que nunca. De unas ciento noventa y tres naciones en nuestro mundo hay menos de dos docenas donde la iglesia no está bajo presión. El número es cada vez menor. De hecho, los primeros signos de presión sobre los cristianos están apareciendo aquí en la "cristiana" Inglaterra. La presión va a ser realmente sobre nosotros, en particular, como estamos empezando a ver en este momento, en el ámbito de la educación. La legislación sobre igualdad va a ser utilizada contra los cristianos.

Así que la presión va a estar sobre nosotros aquí. Jesús dijo que la primera parte de la segunda señal será la presión universal sobre la iglesia. La segunda parte de esa señal se desprende de la primera. Dijo que el amor de muchos se enfriará. En otras palabras, la presión separa a los cristianos nominales de los genuinos. Aquellos que son cristianos de domingo o asistentes a la iglesia pronto desaparecerán bajo la presión. Escuché de una reunión de oración hace muchos años en uno de los países detrás de la Cortina de Hierro y dos soldados con ametralladoras irrumpieron en la reunión de oración y dijeron: "Vamos a matar a los cristianos". Los cristianos pensaron que estaban borrachos, pero estaban sobrios. Entonces dijeron: "Si no eres cristiano, lárgate". Varios se levantaron y echaron a correr.

Entonces los dos soldados dijeron al resto: "Ahora, ¿quieren decirnos cómo ser cristianos? Teníamos que asegurarnos antes de hablar con ustedes". ¿Cómo afectaría eso a la reunión de oración de su iglesia? Jesús dijo que habrá una presión universal, y el resultado será un apartamiento de los cristianos nominales. Esa no es una mala noticia. Es una buena noticia, porque la tercera parte de la señal es esta: Jesús dijo que el evangelio será predicado a todas las naciones. En otras palabras, cuando la presión está sobre la iglesia, la clasifica y la refina, y la iglesia es mucho más capaz de seguir con el trabajo que Jesús nos dejó hacer, es decir, evangelizar a las naciones, algo que podemos ver que sucede. Podemos ver que sucede en China hoy en día. Hay pueblos en China donde el ochenta y cinco por ciento de la población ha nacido de nuevo. Es la iglesia bajo presión que se deshace de los feligreses nominales que no pueden hacer el trabajo de todos modos. Ese tipo de iglesia bajo presión crece muy rápido.

Nunca se compadezca de las iglesias que están siendo perseguidas. Envídielas. Recuerdo haber ido a la antigua Checoslovaquia años atrás y les dijimos que orábamos por ellos en Inglaterra. Ellos dijeron: "¿Ustedes oran por nosotros? ¿Por qué? Tenemos reuniones de oración por la iglesia en Inglaterra, porque ustedes están mucho más necesitados que nosotros". Eso nos puso en nuestro lugar y nos humilló. Esa es la segunda señal que hay que buscar: presión sobre la iglesia en cada país del mundo, cristianos nominales que se apartan, y el resto predicando el evangelio a todas las naciones y haciendo el trabajo. Esa es la segunda señal.

La señal número tres, dijo, será en el Medio Oriente. Aquí Jesús citó al profeta Daniel: un término extraordinario que Daniel utiliza tres veces en sus predicciones sobre el futuro, a saber, "la abominación de la desolación". Es una traducción inadecuada. Me temo que no tenemos palabras suficientemente malas en inglés/español para comunicar realmente el horror de esa expresión hebrea. Significa algo repugnante, aborrecible y ofensivo. En cierto sentido, se hizo realidad antes de que viniera Jesús. Se hizo realidad cuando un hombre llamado Antíoco Epífanes, un emperador griego, entró en Jerusalén a la cabeza de un ejército e hizo las cosas más atroces.

Entró en el templo de Jerusalén y sacrificó un cerdo en el altar, carne de cerdo en el altar. Luego convirtió las pequeñas sacristías (las habitaciones alrededor del templo) en burdeles de prostitutas. Fue lo que ocurrió. Fue el acto más repugnante y blasfemo que jamás haya ocurrido en la historia judía. Se han referido a Antíoco

El regreso de Cristo, parte 1

Epífanes como la abominación de la desolación. En cierto sentido lo fue, o más bien fue un anticipo de eso. Pero hacia el final de la historia vamos a ver a un hombre descrito por Pablo en 2 Tesalonicenses 1 como el hombre de pecado, un hombre que dice: "Yo no reconozco ninguna ley, sino mi propia voluntad", un hombre que se erige como dios, y en el mismo lugar donde el nombre de Dios se ha colocado. Esté atento en el Medio Oriente a la aparición de ese hombre, a que vuelva a suceder esa cosa espantosa, un hombre que desafía a Dios en el lugar principal donde el nombre de Dios es reconocido como santo.

Jesús dice: "Los que vivan en esa zona alrededor de Jerusalén, en cuanto aparezca ese hombre, salgan, váyanse tan rápido como puedan. No se detengan a empacar. Solo salgan y huyan rápidamente". Pero el mensaje es: el resto de ustedes en el resto del mundo, quédense quietos, quédense donde están. No se muevan. "Sobre todo", dijo Jesús, "confíen en sus ojos y no en sus oídos. Oirán rumores de que he venido aquí, de que he venido allá. No hagan caso de los rumores. No dejen que sus oídos, no dejen que nada de lo que oigan los engañe. Sigan estando alerta a mí".

Por cierto, debería haber mencionado que el peligro cuando aparezca esa segunda señal será el de los falsos profetas. Me temo que, si bien los cristianos no son propensos a creer en falsos mesías en la iglesia, son peculiarmente propensos a creer en falsos profetas. Sabemos lo que dicen los falsos profetas. Siempre dicen: "Paz, paz" cuando no hay paz. Siempre dicen: "No se preocupen. No sucederá". Siempre quieren calmar y consolar a la gente. Los verdaderos profetas dicen la verdad aunque duela. Así pues, tenemos la señal número uno en el mundo: las catástrofes y el peligro de que el mundo siga a falsos mesías. La señal número dos es la presión sobre la iglesia universal, con cristianos nominales apartándose y el resto dedicándose al trabajo de predicar el evangelio. El peligro serán los falsos profetas que dirán a la iglesia que no se preocupe, que todo está bien, que no va a empeorar. En la tercera señal el peligro, dijo Jesús, serán los falsos mesías y los falsos profetas. ¡Qué crisis nos traerá esto! Entonces tendremos que estar muy seguros de nuestra fe. No debemos escuchar.

Me temo que los cristianos somos muy chismosos, ¿no es cierto? "¿Has oído lo último?". Jesús enseñó: "Usen sus ojos, no sus oídos. Estén alerta. Habrá un montón de falsos profetas diciéndoles lo que dice Dios. Habrá un montón de falsos mesías diciéndoles que son el Cristo, porque dondequiera que haya un cadáver se reúnen los buitres, y ellos son buitres y solo están recogiendo cosas para ellos mismos del desorden". Ahora, en la tercera señal quiero que note dos cosas. Primero, quiero que note que Cristo no ha venido todavía. Puede que oiga que ha venido, pero Cristo dice: "No hagan caso. Cristo no ha venido". La segunda cosa que quiero que note cuidadosamente, y esto es crítico, es que los cristianos no se han ido todavía. Pongo estas dos cosas juntas. Aquí tenemos esta gran crisis en el Medio Oriente, este hombre de pecado también conocido como anticristo, y todo tipo de cosas. Tenemos esta tercera señal junto con la situación política en el Medio Oriente, y ¿no es totalmente creíble ahora? Pero Cristo no ha venido todavía y los cristianos no se han ido todavía.

Así, llegamos a la cuarta y última señal. Esta será en el cielo. Así será la señal: el sol se apagará, la luna se apagará, las estrellas se apagarán una a una hasta que todo el cielo esté totalmente negro y no haya luz natural alguna. Esta cuarta señal me emociona. Recuerdo que de pequeño me llevaban al teatro a ver una pantomima navideña. Lo recuerdo vívidamente. Era el Theatre Royal de Newcastle upon Tyne, y recuerdo estar sentado en el balcón mirando al escenario. Había cierta emoción. Todo el mundo parloteaba. Muchas familias estaban allí para la pantomima de Navidad, y una a una se fueron apagando las luces hasta que nos quedamos a oscuras. Recuerdo ahora mi corazoncito latiendo: "Está a punto de empezar". Se hizo silencio. Entonces las cortinas del escenario se echaron a un lado y hubo un resplandor de luz, y todo sucedió.

Eso es exactamente lo que será la cuarta señal. Dios apagará toda otra luz para que la gloria de Jesús sea la única luz, como un relámpago de este a oeste, de horizonte a horizonte. Habrá solo un resplandor de luz, pero no será del sol, la luna o las estrellas. Le he dicho cuál es el peligro cuando aparezcan las otras tres señales. El peligro de la primera son los falsos mesías, el peligro de la segunda son los falsos profetas, el peligro de la tercera son los falsos profetas y mesías. ¿Cuál será el peligro de la cuarta señal? Ninguno. Terminará demasiado rápido. Así que, cuando reciba esa señal, sujétese el sombrero, porque partirá. Oirá algo. Oirá esa trompeta. Oirá un gran toque de trompeta. Así que, cuando vea todas las luces apagarse y vea este relámpago de un horizonte al otro y oiga ese toque de trompeta que resonará alrededor del globo, prepárese, porque irá a su encuentro.

Esa es la respuesta a cuándo vendrá excepto por una pequeña cosa. Mencioné antes que pensaba que sabía el mes porque Jesús hizo todo según el calendario de Dios. En el calendario de Dios hay tres grandes épocas del año: Pascua, Pentecostés y Tabernáculos. Jesús murió en la Pascua y envió su Espíritu en Pentecostés, pero aún no ha cumplido con Tabernáculos. Pero si estudia detenidamente la Biblia, descubrirá que Jesús nació durante esa Fiesta de Tabernáculos a finales de septiembre o principios de octubre. "El Verbo se hizo carne y tabernaculó entre nosotros", dijo Juan. Si lo calcula, fue entonces cuando nació. Sabemos que no nació en diciembre. Nació a finales de septiembre o principios de octubre, pero creo que su Segunda Venida será justo a tiempo, entre otras cosas porque la Fiesta de Tabernáculos está precedida por la Fiesta de las Trompetas, y cada mención de trompetas en el Nuevo Testamento es para anunciar la venida del Señor Jesús. Así que uno de estos años, en septiembre u octubre, volverá, pero no puedo decirle en qué año. Ahora pasaremos a las cuestiones más importantes: ¿por qué va a volver y qué diferencia hace a la forma en que vivimos ahora?

CAPÍTULO 2

EL REGRESO DE CRISTO (PARTE 2)

Le he dado cuatro señales o signos que Jesús nos dio para su regreso al planeta Tierra. De esas cuatro, yo diría que ya hemos visto una y media, pero con la velocidad de los acontecimientos mundiales, ¿quién puede decir cuánto tardarán las otras dos y media en alcanzarnos? De hecho, el mundo está cambiando tan rápidamente que no podemos ser dogmáticos al respecto. Pero una pregunta mucho más importante que "¿Cuándo vendrá?" es "¿Por qué vendrá?". Es una pregunta muy real. Tiene que haber alguna razón de peso para que vuelva.

Una de las sorpresas del Nuevo Testamento es un versículo de Hebreos que dice que aparecerá por segunda vez para traer salvación a quienes lo esperan. Esto es un enigma. ¿No nos trajo salvación la primera vez? Y nos damos cuenta de que viene por segunda vez no para traer salvación al mundo o a los incrédulos, sino a nosotros que lo estamos esperando. La respuesta es, por supuesto, que todavía no estamos salvados. Estamos siendo salvados. La salvación es un proceso, y hay una parte de mí que todavía no está salvada, una parte que usted puede ver. Mi cuerpo todavía no está salvado, todavía está bajo la ley del pecado y de la muerte. Mi cuerpo morirá y se pudrirá, siempre que él no vuelva mientras tanto.

Entonces, ¿por qué tiene que volver para completar nuestra salvación? No nos equivoquemos, ya ha hecho todo lo que tenía que hacer para obtener la santidad y el perdón para nosotros. Él no tiene que morir en una cruz otra vez; eso está todo terminado, eso está completo. Pero hay algunas cosas que todavía no se han completado. Él va a volver para traer la salvación total a aquellos de nosotros que lo estamos esperando.

Hay cinco razones por las que vuelve. Ninguna de ellas por sí sola sería, creo, una razón adecuada para venir. La primera es muy sencilla: para recogernos, para encontrarse con nosotros y para llevarnos a estar con él. Dijo: "Si no fuera así, ya se lo habría dicho a ustedes. Voy a prepararles un lugar", lo cual que significa que Jesús ha vuelto a ser carpintero, a prepararnos el lugar. ¿Se dio cuenta? Es muy bueno para hacer cosas y está preparando nuestra habitación en la casa de su Padre. Luego dice: "Vendré para llevármelos conmigo. Así ustedes estarán donde yo esté".

Una vez hablé con una señora mayor de un grupo de miembros de la iglesia que había ido a Israel. Ella estaba deambulando por el zoco árabe, ese laberinto subterráneo de tiendecitas que constituye el antiguo bazar. Intentaba encontrar la oficina de correos para comprar un sello y enviar una postal a su hija. Le preguntó a un tendero árabe: "¿Dónde está la oficina de correos aquí?". Él le contestó: "Vaya por este callejón, busque una abertura a la izquierda, suba unas escaleras, suba hasta que llegue a una bifurcación, gire a la derecha, busque el segundo desvío a la derecha por ese callejón". Cuanto más hablaba, más desconcertada parecía ella.

Él se dio cuenta de que nunca sería capaz de encontrarlo, así que se dio la vuelta, cerró su pequeña tienda, echó el candado a las persianas y la tomó por el codo. Le dijo: "Yo soy el camino". La llevó a la oficina de correos. Estaba muy emocionada cuando volvió con el resto del grupo y dijo: "Adivinen qué aprendí esta mañana. Siempre me preguntaba qué quería decir Jesús cuando dijo: 'Yo soy el camino'. Ahora lo sé. Significa que él me llevará allí. No necesito saber la ruta, él me llevará".

Eso es lo que Jesús viene a hacer. Viene a recoger a los cristianos, lo que significa que, si él vuelve al planeta Tierra, yo también. ¿Ha pensado eso antes? Si Jesús vuelve aquí, usted también. ¿Ha dicho alguna vez a sus amigos que mucho después de su muerte va a volver al planeta Tierra? No como una reencarnación, porque cuando cree en la reencarnación no sabe como quién va a volver. Podría volver como un pato; no lo sabe. Los cristianos volverán al planeta Tierra como ellos mismos. Sabremos quiénes somos: volveremos aquí.

¿Se da cuenta de que es aquí donde vamos a tener nuestros nuevos cuerpos? No en el cielo, sino aquí. Seremos resucitados de entre los muertos y se nos darán nuevos cuerpos aquí. No puedo esperar a tener mi nuevo cuerpo. ¿Sabe cuántos años tendré entonces? Ya estoy en la vejez, y algunos días lo siento. Mis hijos creen que tengo un pie en la tumba y el otro en una cáscara de banana, pero de todos modos aquí estoy. Cuando tenga mi nuevo cuerpo, tendré treinta y tres años, porque la Biblia dice que tendré un cuerpo glorioso como el suyo, ¿y cuántos años tiene él? No puedo esperar a tener treinta y tres otra vez.

Estuve hablando en un funeral en West Country y un hermano cristiano encantador había muerto. Llegó a una buena edad, pero murió de una enfermedad horrible, que le dio un aspecto desagradable en los últimos meses. Durante el funeral se me ocurrió decir: "La próxima vez que lo vean tendrá treinta y tres años". Su viuda y su hija se pusieron locas de alegría. Después les pregunté por qué habían tenido esa reacción. La viuda me dijo: "Anoche estaba revisando sus papeles y me encontré con una fotografía suya de cuando era joven y guapo, con una espesa melena oscura. Le dije a la fotografía: 'Así es como te recordaré, querido; no como eras al final' Esa fotografía fue tomada cuando tenía treinta y tres años".

La hija dijo: "Esa noche soñé con mi padre. Estábamos jugando en la playa, chapoteando en el agua y me sentía muy feliz. De repente, me desperté y era solo un sueño" Pero dijo: "Me di cuenta de que el sueño era en realidad un recuerdo de unas vacaciones de mi infancia". Y continuó: "Estábamos en la playa cuando yo tenía nueve años y papá tenía treinta y tres". Así que no me extraña que reaccionaran con tanta alegría ante mi noticia.

Vamos a tener cuerpos nuevos. Jesús no solo se ocupa de salvar nuestras almas. También le interesa los cuerpos. Le interesa toda la creación. Toda la creación está gimiendo y sufriendo, esperando que yo obtenga mi cuerpo nuevo, porque cuando yo obtenga mi cuerpo nuevo, esa será la señal para que toda la creación obtenga su cuerpo nuevo. Todo eso va a suceder aquí. Aquí es donde tiene lugar la resurrección. Aquí es donde los cuerpos son necesarios y los cuerpos son recreados.

Esa es la primera razón por la que vuelve, para reunirse con nosotros y darnos nuestros nuevos cuerpos, aquí mismo, en el planeta Tierra. Vamos a encontrarnos con él aquí mismo, aunque hayamos muerto mientras tanto. La segunda razón por la que vuelve es no solo para recoger a los cristianos sino para convertir a los judíos. Siguen siendo su pueblo elegido. Dios odia el divorcio y no se ha divorciado de Israel. Uno de los misterios más asombrosos que se nos revela en las escrituras es que Dios tiene un plan futuro para el pueblo judío.

¿Qué sentirán cuando vean a Jesús de Nazaret? La Biblia nos dice cómo se sentirán. Dice que llorarán como por un hijo único cuando se den cuenta de la tragedia de todos estos siglos en los que se perdieron a su propio Mesías. ¿Puede imaginarlo? Todo el sufrimiento por el que han pasado, toda la angustia innecesaria que han tenido. Llorarán. Sólo hay una cosa que un judío necesita para convertirse en un creyente en Jesús, y es saber que está vivo. Eso es lo que le ocurrió a Pablo en el camino de Damasco.

Una vez estaba predicando cerca de Ely, en Cambridgeshire, y había una judía en la congregación, una atractiva dama de unos veinticinco o veintiséis años. Después vino a verme. Me dijo: "Señor Pawson, ¿intenta decirme que Jesús de Nazaret sigue vivo?". Le dije: "Eso es lo que estoy diciendo". Y ella dijo: "Entonces, si está vivo, ¡debe ser nuestro Mesías!". Note el pequeño pronombre posesivo personal "nuestro". "Sí, es judío, porque la salvación es de los judíos", le dije. "Así es", dijo ella, y continuó: "¿Cómo puedo saber si está vivo?". Le dije: "Puedes intentar hablar con él ahora mismo". Y ella lo hizo.

En diez minutos me estaba enseñando la Biblia. Lo había entendido todo excepto una pista vital. Dijo: "¡Entonces esto, entonces esto, entonces esto!". Envidio al pueblo judío; lo tienen todo, excepto esa pista vital. ¿Qué pasará cuando toda la nación vea al que han traspasado? Jesús sigue amando a su pueblo judío. Son sus hermanos. Vuelve a Jerusalén. Tiene que ser una ciudad judía cuando vuelva, una ciudad que tenga alguna influencia en los asuntos actuales.

Tercera razón: vuelve para conquistar a sus enemigos. La última vez que vino a Jerusalén lo hizo montado en un burro, pero esta vez vendrá a caballo; una gran diferencia. Un príncipe de paz utiliza un asno; un hombre de guerra utiliza un caballo. Es otro contraste entre su primera visita y la segunda. Viene a Jerusalén para luchar y enfrentar a sus enemigos. Se nos dice en la Biblia que la historia estará al final bajo el control de tres personas, presentando una especie de trinidad impía, una especie de sustituto inferior del Padre, el Hijo y Espíritu Santo. En lugar del Padre, estará el diablo; en lugar de Cristo, estará el anticristo; en lugar del Espíritu Santo, estará el falso profeta. Aquí tenemos esta trinidad impía controlando la situación, y Jesús va a tratar con los tres. El viene a luchar contra ellos, a conquistarlos y a tratar con ellos de una vez por todas.

Quiero gritar ¡Aleluya! Él va a acabar con ellos, y eso acabará con el mal. Por lo tanto, va a volver para acabar con el diablo en particular y va a volver como un león en lugar de como un cordero, aunque la palabra cordero es engañosa. No me gusta hablar del Cordero de Dios porque me hace pensar en un pequeño peluche blanco y lanudo de pocas semanas, pero un cordero en las escrituras siempre tiene un año y cuernos. Es un cordero macho en la flor de la vida. Yo prefiero hablar de Jesús como el

Carnero de Dios. Es el León de Judá, el Carnero de Dios, dos imágenes muy fuertes. Vuelve para conquistar.

"Cantamos al Rey que viene a reinar.

Gloria a Jesús, el Cordero inmolado".

El mal terminará, el bien triunfará, lo que significa que vivimos en un universo moral. Esta es una idea muy importante. La mayoría de la gente dice: "Este universo no es moral. Los malvados se salen con la suya, la gente buena sufre, no hay moralidad en nuestro universo". Ven el mal triunfar y ven el bien aniquilado. Nosotros podemos decir esto: "Va a ser moral porque Jesús va a volver para ocuparse de todo el mal".

Surge la pregunta, ¿por qué no se ocupó del mal en su primer viaje? ¿Por qué no derrotó a Satanás de una vez por todas en su primer viaje? ¿Por qué no desterró a todos los anticristos y falsos profetas en su primer viaje? La respuesta es muy simple. Si Jesús hubiera aniquilado todo el mal en su primera visita, entonces ¿quién quedaría? Siempre asumimos que seriamos nosotros. ¿No es extraño? "¿Por qué no viene y se ocupa de ellos?". Ese es nuestro grito. No gritamos: "¿Por qué no viene y se ocupa de nosotros? ¿Por qué no viene a impedir que yo estropee su mundo?".

Nunca hablamos así. Siempre pensamos en los demás. ¿No es interesante? Pero si Jesús hubiera aniquilado a todas las personas y cosas malas cuando vino la primera vez, usted no estaría leyendo este libro ahora mismo. Le diré algo más: no estaría aquí para leerlo, porque si el Señor nos tratara como merecemos no estaríamos vivos hoy. Es por su misericordia que vino la primera vez para darnos una oportunidad de arreglar las cosas antes de venir a ocuparse de todo lo que está mal. Por eso, aunque los judíos esperaban que el Mesías viniera una vez, el gran secreto del Nuevo Testamento es que el Mesías viene dos veces. La primera vez para conseguirnos el perdón y la santidad; la segunda, para deshacerse de todo mal. Gracias al Señor que no lo hizo al revés, porque ninguno de nosotros habría tenido la oportunidad. Ese es el gran secreto del reino, que viene en dos etapas.

La siguiente razón por la que va a volver es que va a juzgar al mundo. Ahora bien, aquí hay una revelación. Dios Padre no va a juzgar a la raza humana. Ha delegado esa responsabilidad en su Hijo. No compareceremos ante Dios, sino ante su Hijo, Jesús. Se me ocurre una muy buena razón por la que Dios ha decidido esto. Si la humanidad se presentara ante Dios Padre en su trono, podríamos decir: "Dios, tú no eres quien, para juzgarnos, porque no sabes lo que es ser un ser humano. No sabes cómo son las presiones en la tierra. No sabes lo que es ser tentado. No entiendes lo que es ser odiado. No entiendes lo que es que te acusen de un crimen que nunca has cometido; no lo entiendes". Pero nadie podrá hablarle así al Juez, porque él sí entiende.

Sabe lo que es ser acusado falsamente de un delito. Sabe lo que es nacer como hijo ilegítimo. Sabe lo que es ser tentado en todo momento. Él es quien va a juzgar. Por lo tanto, debemos decir que Poncio Pilato un día será juzgado por Jesús, y Mahoma un día será juzgado por Jesús, y Buda un día será juzgado por Jesús, y Confucio un día será juzgado por Jesús, y Gorbachov será juzgado por Jesús, Saddam Hussein será juzgado por Jesús, David Pawson será juzgado por Jesús. Todos debemos comparecer ante el tribunal de Cristo para recibir el juicio según las cosas hechas en el cuerpo. Ese es el tema del próximo capítulo: El Día del Juicio. Es Jesús quien juzga. Es un punto muy importante. Pablo, predicando en el Areópago en Atenas, dijo que Dios ha señalado un día en el que juzgará al mundo por un hombre. Es un ser humano quien juzgará a los impíos.

Todavía no creo que hayamos dado con la razón más importante por la que tiene que volver aquí para hacer esto. ¿Por qué no podría suceder todo esto en otro lugar? ¿Por qué no podría suceder en el mundo de los espíritus desencarnados en el hades? ¿Por qué tiene que suceder aquí? ¿Por qué tiene que volver al planeta Tierra? Hay una quinta razón, aunque voy a ser franco y decir que no todos los cristianos están de acuerdo conmigo en esta quinta razón. Sin embargo, no hay espacio aquí para darles todas mis razones para creerlo.

No obstante, me limitaré a afirmar que creo que vuelve para gobernar el mundo, para reinar aquí durante un tiempo limitado. Esta es la parte más increíble de la historia. La razón humana o la imaginación no lo habrían adivinado, pero allí al final de la Biblia se nos dice que, cuando él haya regresado, conquistado a sus enemigos, limpiado este mundo, entonces va a reinar aquí mismo, y mostrar a este mundo cómo puede ser cuando él está a cargo.

El mundo ha visto cómo es cuando Satanás lo controla. El príncipe de este mundo ha tenido su día, y yo creo que Dios, en su asombrosa sabiduría, va a dejar que este mundo vea como puede ser cuando Jesús lo está manejando. Se llama el milenio, una palabra latina que significa mil años. Esa es la cifra dada para este reinado en la tierra. He mirado en todas partes y he encontrado muchos puntos de vista diferentes. Hay personas que dicen que son premilenarios, posmilenarios, amilenarios. ¿Ha escuchado todo esto? Tengo que decirle que creo que está claramente enseñado en las escrituras que Jesús reinará aquí antes del fin del mundo y que tomará los tronos de las naciones. Entonces veremos hacerse realidad la profecía de que las naciones aprenderán el desarme multilateral, "convertirán sus espadas en arados y sus lanzas en hoces". Por supuesto, necesitará un gobierno que lo ayude, y ahí es donde la Biblia, creo, promete que reinaremos con él, lo que da una muy buena razón para que volvamos aquí también y consigamos nuevos cuerpos al mismo tiempo.

Todo esto casi supera la imaginación. Durante casi trescientos años, la iglesia primitiva creyó esto universalmente y luego, me temo, surgió esta nueva idea de que la iglesia construiría este nuevo milenio antes de que Jesús regresara. Un hombre llamado Agustín la inició. Por supuesto, en aquellos días parecía como si la iglesia iba a ganar: el emperador mismo se había convertido, la persecución se detuvo, y parecía como si la iglesia iba a apoderarse del mundo. Pues me temo que ya no parece así.

Jesús nunca nos enseñó a creer que sería así. Jesús nos enseñó que el trigo y la cizaña crecerían juntos. El reino de Dios se va a hacer más fuerte, el reino de Satanás se va a hacer más fuerte, hasta que Cristo venga y limpie el lugar. Pero creo que antes de los eventos finales Jesús reinará sobre las naciones. Ellos verán que él ya es Rey de Inglaterra. Australia lo verá, Estados Unidos, Rusia.

¿Puede imaginar la paz y prosperidad que vendrá cuando Jesús esté gobernando este mundo? Después de todo, Dios hizo este mundo como un regalo para su Hijo Jesús. No puedo creer que el Dios que reivindica la justicia no reivindicaría a su propio Hijo a los ojos del mundo. Para mí, esa es la mayor razón, y la que justifica todo su regreso. Sin eso, me resulta difícil entender por qué todo tendría que suceder aquí. Pero si esa es la razón principal de su venida – que viene a restaurar el reino a Israel y a apoderarse de las naciones del mundo y a cumplir todas las promesas que Dios ha hecho para este mundo –, entonces tiene todo el sentido para mí. Pero le pido que estudie las escrituras. Escuchará muchas ideas, pero esa es la mía. Le pido que llegue a sus propias convicciones.

El sueño de Hitler era tener un reino durante mil años; el Tercer Reich iba a durar mil años, pero solo duró doce. Creo que el reino de Jesús durará mil años. Esa es mi esperanza y espero que así sea, ¿y usted? ¿No es maravilloso que él se hará cargo de las naciones? No más elecciones, sino un rey. Es que no estamos hechos para la democracia, sino para un rey. Pero, por supuesto, no podemos encontrar al rey correcto; ese es nuestro problema. Nuestro evangelio es que ya hemos encontrado al Rey, el Rey adecuado, el Rey perfecto para gobernar las naciones.

Permítame, por último, pasar al aspecto práctico. ¿Qué diferencia hace todo esto en nuestra forma de vivir, de lunes a viernes o durante toda la semana? ¿Qué diferencia hay realmente? La esperanza es una dimensión vital de la vida humana. No podemos vivir sin ella. La esperanza brota eternamente en el pecho humano. Tenemos que tener algo en el futuro a lo que aspirar. A lo largo de los siglos, los hombres han esperado la llegada de una edad de oro, una edad utópica, una nueva era, y esto ha tomado muchas formas diferentes. Los cristianos creen en la nueva era, la nueva era de Jesús, no la de una religión sincretista.

Es la esperanza la que lo ayuda a afrontar el presente. Es su esperanza en lo que puede estar por venir lo que le permite vivir con las presiones y las decepciones de hoy. Una persona sin esperanza quiere acabar con su vida. La esperanza es absolutamente esencial, y la fe y el amor necesitan esperanza para seguir adelante. Es nuestra esperanza en el futuro la que nos proporciona este incentivo. Los pecadores tienden a vivir en el pasado, viven en sus hábitos pasados; no pueden romperlos. Los pecadores son notorios por la nostalgia, pero la nostalgia no es lo que solía ser y miramos hacia adelante a algo. Es mucho mejor mirar hacia adelante que mirar hacia atrás. Uno se cansa de que la gente hable de los buenos tiempos, ¿verdad? "Cuando yo era un niño…". Yo también llegué a esa edad, pero miro hacia adelante.

Para el cristiano, lo mejor está por llegar, y esa esperanza tiene un efecto profundo. Permítame ilustrarlo. Supongamos que se muda a una casa a las afueras de Ashford, en Kent, y se entera de que se va a construir una nueva autopista desde el Canal hasta su casa. Su casa será demolida dentro de dos años y, aunque lo indemnizarían, acababa de comprarla. ¿Pasaría días y días reconstruyendo la cocina y reformando el cuarto de baño? ¿Haría de esa tu casa perfecta, ideal, cuando sabe que la van a demoler dos años después? Claro que no.

Del mismo modo, el Nuevo Testamento dice: "Viendo que todas estas cosas serán destruidas así, ¿qué clase de personas deben ser?". En otras palabras, no pertenecemos a aquí, estamos de paso, y la esperanza de un cielo nuevo y una tierra nueva y una mansión allá arriba cambia nuestras ideas sobre la vida aquí. No se encierre tanto en su casa de aquí porque no está aquí para siempre; solo está aquí por poco tiempo.

A los ochenta años, Abraham dejó una casa de ladrillo de dos plantas con calefacción central y agua corriente en las habitaciones. Lo sé porque los arqueólogos descubrieron que éste era el nivel de vida en Ur de los caldeos, en el actual Irak. Abraham abandonó ese lugar y se fue a vivir a una tienda de campaña el resto de su vida a esa avanzada edad. "Estaba muy contento porque buscaba una ciudad cuyo constructor y artífice era Dios". Eso marcaba la diferencia, de modo que la vida aquí no importaba tanto.

Por otro lado, supongamos que el Museo Británico se pusiera en contacto con usted y le preguntara si tiene alguna artesanía o afición y usted dijera que hacía trabajos en madera, tapices o labores de aguja. Y el Museo Británico dijera: "Queremos un ejemplo típico de artesanía amateur británica para el futuro y vamos a ponerlo en el museo para siempre para que la gente siempre pueda ver el tipo de cosas que hacíamos". ¿Cuánto cuidado pondría en eso? Sería lo mejor que hizo jamás, ¿no? Sabiendo que iba a estar expuesto mientras el mundo existiera, lo haría con mucho cuidado.

¿Ve cómo lo ha cambiado su forma de pensar sobre el futuro? Si su casa va a ser demolida, eso cambia tu actitud hacia ella, y ya no se preocupa tanto por un desagüe que gotea o algo así. ¿Para qué preocuparse si lo van a tirar abajo de todos modos? Pero, por otro lado, si sabe que está haciendo algo que va a durar mucho tiempo, algo que va a ver mucha gente, le dedicará mucho más cuidado. Lo que intento es que se dé cuenta de que la forma en que pensamos en el futuro afecta nuestro comportamiento en el presente.

Hay cuatro cosas que afectan profundamente a la vida de un creyente cuando se da cuenta de que Jesús va a volver al planeta

Tierra. Debo añadir que, cuando les di las cuatro señales, estaba exponiendo el capítulo 24 de Mateo, y ahora voy a hablar de Mateo 25, que le sigue. Después de dar las señales, Jesús dijo: "Así es como deben estar preparados". Contó cuatro parábolas o cuatro historias. Una era sobre las diez vírgenes, otra sobre los talentos, otra sobre las ovejas y las cabras, para decirnos cómo estar preparados, y qué diferencia hace darse cuenta de que el Amo volverá un día.

He aquí las cuatro cosas que caracterizarán a los cristianos que piensan constantemente en el regreso del Señor. Primero, servicio fiel. Servicio fiel porque, cuando él regrese, no estará tan interesado en lo que estemos haciendo en ese momento como en lo que estuvimos haciendo mientras él estaba lejos. Esto es muy importante, porque algunas personas entran en pánico y piensan: "Vaya, el Señor puede venir el próximo martes, debo..." y cambian sus patrones de comportamiento radicalmente porque no quieren ser encontrados haciendo lo que están haciendo ahora. Pero Jesús no volverá y dirá: "¿Qué estás haciendo en este momento de mi regreso?", sino: "¿Qué estuviste haciendo todo el tiempo que estuve fuera?".

En cada una de esas parábolas de Mateo 25 aparece la frase "tardó mucho", "el novio tardó mucho". La verdadera prueba de si estamos preparados para su regreso no es lo que hacemos si creemos que vendrá pronto, sino lo que hacemos si creemos que no vendrá pronto. ¿Me siguen en esto? Es un punto muy importante, porque lo que él quiere encontrar son siervos fieles. Quiere poder decir: "Bien hecho. Aunque tardé mucho en venir, seguiste adelante. Fuiste fiel". Existe un pánico: "Él podría venir esta noche" o "podría venir esta semana". No suele durar cuando no viene esta noche o esta semana, y tiende a apagarse. La motivación no es cuándo vendrá, sino qué dirá cuando venga. Lo que él quiere poder decir es: "Bien, buen siervo y fiel".

D. L. Moody, el gran evangelista de antaño, dijo: "Desde que oí que Jesús volvería al planeta Tierra, he querido trabajar el triple". El servicio fiel es lo primero que sucederá. Cuando digo servicio fiel, no estoy hablando de trabajo en la iglesia. Por favor, entiéndame, por ahí anda la idea de que solo los misioneros y los pastores están realmente al servicio del Señor. Esto se fomenta por el hecho de que ponemos la foto de un misionero en el pórtico y le damos tanta importancia que la gente tiene este orden de prioridades: los misioneros son los mejores siervos de Dios, los pastores los segundos, los evangelistas, los médicos y las enfermeras ocupan un buen tercer y cuarto lugar, quizá los maestros el quinto, los taxistas el quincuagésimo, ¿saben? Los informáticos, muy por debajo. Nada más lejos de la realidad.

Los misioneros y los pastores serán despedidos en el cielo. ¿Ha pensado alguna vez en eso? Tendremos que reciclarnos; tendremos que rehabilitarnos. Tenga en cuenta que cuando digo servicio fiel estoy hablando de su trabajo diario. Porque habrá puestos de trabajo para nosotros en el futuro, y esos puestos de trabajo están directamente relacionados con la forma en que hacemos nuestro trabajo aquí. El Señor está más interesado en cómo trabaja que en cuál es su trabajo. ¿Lo sabía? La esposa de Billy Graham puso encima del fregadero de la cocina, "Aviso: se celebra un servicio divino aquí tres veces al día". Ella lo entendió.

Cualquiera que sea su trabajo, el servicio fiel es hacer bien ese trabajo. Había una cirujana en Beijing, China. Era la jefa de cirujanos en un hospital allí. Se hizo cristiana y la despidieron. El resultado fue que entonces le dieron el trabajo de limpiar los retretes, pero ella dijo: "Limpiaré los retretes como si Jesús fuera a sentarse en ellos". Estaba en un trabajo cristiano a tiempo completo. Nunca diga: "Estoy en un trabajo secular". Nada es secular excepto el pecado. Servicio fiel.

Número dos: evangelización mundial. Jesús nos dejó un trabajo por hacer que no ha sido completado. Dijo: "El evangelio debe ser predicado a todas las naciones, y entonces vendrá el fin. Vayan y hagan discípulos de todas las etnias. Vayan y prediquen el evangelio a toda criatura". Estamos muy lejos de eso. Nos estamos acercando, pero hay una tarea inacabada de evangelizar el mundo. Cuanto más piense en el regreso del Señor, más querrá involucrarse de alguna manera en la evangelización mundial.

En tercer lugar, está la reforma social. Puede que esto le sorprenda, pero los que más piensan en el regreso del Señor y en el nuevo mundo que se avecina son en realidad los que quieren mejorar este mundo. Eso puede sonar como si no funcionara, pero de hecho lo hace. Si va a Piccadilly Circus, en Londres, verá una estatua de aluminio de un ángel en el centro. Se llama "Eros", un nombre horrible. Debería llamarse "Agape", porque es un monumento a Anthony Ashley-Cooper, conde de Shaftesbury. Lord Shaftesbury trabajó toda su vida para sacar a los niños de las fábricas e introducir horarios de trabajo adecuados y salarios dignos. Luchó por ello con esta base. Al principio de cada carta que escribía a un político o a cualquier otra persona, ponía: "Aun así, ven Señor Jesús". Esa era la motivación. Quería hacer de este mundo el mejor lugar posible, porque sabía que Jesús iba a venir. La reforma social es uno de los frutos de un vívido sentido del regreso de Jesús.

Por último, santidad personal. El Nuevo Testamento dice: "Quien tiene esta esperanza de su aparición se purifica a sí mismo, porque sabemos que cuando se manifieste seremos semejantes a él, pues le veremos tal como es". O, dicho de otra manera, estaba hablando en un colegio a unos niños y un chiquillo me preguntó: "¿Por qué Jesús no se casó?". Le dije: "Estará casado". El director me dijo después en su despacho: "¿Qué fue eso que dijo de que Jesús se casará? Nunca había oído eso antes". Le dije: "Toda la Biblia es un cortejo y termina con una boda con la Novia de Cristo, que es la iglesia, y se casan y viven felices para siempre".

Somos la Novia de Cristo, ¿y qué novia no quiere que su cutis sea perfecto? ¿Qué novia no quiere un vestido blanco, el más hermoso que pueda conseguir? Se nos dice al final de la Biblia acerca de esta boda y se nos dice que la Novia se ha preparado, está vestida de lino fino blanco, que son las obras justas de los santos. Nos estamos preparando para la boda. Cuanto más nos demos cuenta de que somos la Novia de Cristo y de hacia dónde nos dirigimos, más se convertirá la santidad personal en una ambición en nuestra vida.

Después de haber criticado a Agustín una vez en este capítulo, ahora volveré a él y citaré algo de él que me parece absolutamente correcto. Dijo lo siguiente: "El que ama la venida del Señor no es el que afirma que está lejos ni el que dice que está cerca, sino el que, tanto si está lejos como si está cerca, la espera con fe sincera, esperanza firme y amor ferviente". Es así como hay que estar preparado. Amén.

CAPÍTULO 3

EL REGRESO DE CRISTO (PARTE 3)

No estamos hablando del futuro inmediato, sino del futuro último, y las cuatro cosas de las que hablamos son los cuatro hechos ciertos del futuro último. Los cristianos suelen llamarlas las Últimas Cosas y se refieren al regreso de Cristo, el Día del Juicio, el infierno y el cielo. En los próximos tres capítulos veremos algunos temas bastante serios. Hay demasiados cristianos hoy en día que quieren lamer el glaseado de la torta o la mermelada del sándwich. No quieren el lado más serio de las escrituras.

Pero ahora llegamos al Día del Juicio. Mi esposa y yo estuvimos en Zúrich y visitamos la catedral de esa ciudad. Justo encima de la puerta oeste hay un llamativo friso de piedra que acababa de ser pintado. Es un friso del Día del Juicio. Muestra a muchas personas siendo puestas a la derecha de blanco y a muchas siendo arrojadas a las llamas del infierno a la izquierda. En otras palabras, se colocó encima de las puertas del este para que, al entrar en el templo, se recordara el Día del Juicio. Es bueno pensar en ello. Les dije antes que el regreso de Cristo es la predicción más frecuente en las escrituras, pero la segunda más frecuente es el Día del Juicio.

Si me remito a tres textos, será suficiente. Pablo, hablando de nuevo en Atenas, en el Areópago, dijo: "Dios ha fijado un día en el cual juzgará al mundo con justicia, por medio de un hombre que él ha escogido". Luego tenemos otra de las predicciones de

Pablo, en 2 Corintios 5, donde dice: "Es necesario que todos comparezcamos ante el tribunal de Cristo, para que cada uno reciba lo que le corresponda, según lo bueno o malo que haya hecho mientras vivió en el cuerpo". La frase "mientras vivió en el cuerpo" significa en esta vida. He aquí otro versículo del capítulo 9 de Hebreos, un versículo muy conocido y citado a menudo por los predicadores: "Está establecido que los seres humanos mueran una sola vez, y después venga el juicio". En otras palabras, cada uno de nosotros tiene dos citas, ninguna de las cuales podemos anotar en nuestra agenda, porque no sabemos la fecha de ninguna de las dos.

Una, es el día de nuestra muerte y la otra, el día de nuestro juicio. No será el mismo día. De hecho, para cada individuo el día de nuestra muerte será una fecha diferente. Esa es la fecha que se pondrá en nuestra lápida, si tenemos una. Pero el Día del Juicio es exactamente la misma fecha para todos. Así pues, cada uno de nosotros tiene estas dos citas. Una persona sabia es la que piensa en las dos, porque si solo piensa en el día de su muerte, es más probable que la lleve a pecar. Si piensa en ambas, es más probable que se abstenga de pecar. Si solo pensamos en el día de nuestra muerte, podemos pensar en comer, beber y ser feliz, porque mañana moriremos. Aprovechemos al máximo todos los placeres que podamos exprimir de la vida mientras podamos.

Pero si recordamos que después de la muerte viene esa segunda cita en la que tenemos que rendir cuentas de cómo hemos vivido aquí, eso debería tener el efecto contrario en nuestra forma de vivir. Lo importante no es numerar nuestros días en cantidad, sino ordenarlos en calidad. En general, creo que la gente ya no tiene miedo a morir. Le teme más al proceso de la muerte, sobre todo si será prolongado o doloroso. Pero, de la muerte en sí, encuentro muy pocos que la teman. Les desagrada intensamente, la aplazarán todo lo posible y no hablarán de ella, pero no conozco a muchos que teman a la muerte, porque la mayoría de la gente hoy en día ha dejado de creer en esa segunda cita posterior.

Es esa segunda cita la que nos da miedo de la primera, porque la primera cita es el final de una oportunidad para prepararnos para la segunda. Si no conocemos las fechas, no son menos ciertas. Necesitamos recordar ambas, como ya he dicho. Pero intentamos olvidar ambas. ¿Por qué? Porque ambas son profundamente perturbadoras. No nos reconforta pensar ni en el día en que moriremos ni en el día en que seremos juzgados. Sin embargo, si lo piensa, en el fondo todos creemos que un día de juicio es absolutamente necesario, que es lo correcto.

Hay una parte de nosotros que dice que debe haber un juicio. Hay dos cosas que nos llevan a ese sentimiento. Una, la injusticia de la vida. Nadie en su sano juicio podría decir que la vida es justa o equitativa. Una de las primeras cosas que los niños aprenden a decir es: "No es justo". Se les tuerce la cara cuando lo dicen y a veces vamos por la vida diciéndolo. Me invitaron a visitar a un hombre en el hospital que quería ver a un sacerdote. Lo más parecido que encontraron fue un pastor bautista, así que fui y le dije: "¿Para qué quiere ver a un sacerdote?". Me dijo: "¿Por qué Dios me ha hecho esto?".

Le dije: "¿Qué quiere decir con qué le ha hecho Dios?".

Dijo: "Estoy en el hospital, ¿no? ¿Qué he hecho yo para merecer esto?".

Contesté: "¿Nunca ha estado en el hospital antes?". Dijo: "Nunca, he vivido una buena vida recta".

Le pregunté: "¿Cuántos años tiene?". Dijo: "Noventa y seis". Le pregunté: "¿Nunca había estado en un hospital?". "Nunca. ¿Por qué Dios permite esto?".

Le dije: "¿Cuánto tiempo es probable que esté aquí?" Dijo: "Diez días".

Allí estaba, este querido anciano rodeado de bellas jovencitas atendiendo todas sus necesidades. Muchos hombres darían su brazo derecho por eso y allí estaba diciendo: "¿Por qué Dios me ha hecho esto? No es justo". Ahora bien, la vida no es justa y no hay ninguna razón racional por la que algunas personas sufran tanto y otras tan poco. David tuvo este problema. Escribió un salmo al respecto, el Salmo 73. Dijo: "¿Por qué prosperan los malvados? ¿Por qué la gente mala muere a una vejez feliz pacíficamente en la cama?". Dijo: "He intentado que mi vida sea pura y, sin embargo, sufro todo el día. La vida es totalmente injusta". Lo es. En este mundo parece que los inocentes sufren y los malvados se salen con la suya. Son los inocentes los que son atropellados por conductores que se dan a la fuga, y los culpables no suelen ser encontrados.

La injusticia de la vida exige que algún día haya que arreglar las cosas para que los malvados no se salgan con la suya. La respuesta de la Biblia es que llegará un momento en que se corregirá la injusticia. Nadie se saldrá con la suya. En el fondo, estamos de acuerdo en que así sea. La injusticia de la vida lo exige. Estuve en Palermo, en Sicilia, una ciudad donde se cometían doscientos asesinatos al año. Mientras yo estaba allí, cuarenta y un jefes de la mafia fueron detenidos y juzgados y el jurado los declaró culpables. El juez los absolvió a todos. ¿Puede imaginarse los sentimientos que había en esa ciudad cuando eso ocurrió? La gente decía: "¿Dónde está la justicia?". Se volvieron totalmente cínicos y anárquicos porque obviamente la justicia no tenía ningún valor. Ese es el sentimiento de mucha gente. Esa es la primera razón por la que tiene que haber un Día del Juicio en el que se corrijan los errores y se reivindique lo correcto.

Pero hay otra razón por la que debe haber un Día del Juicio, y es la justicia de Dios. No es solo la injusticia de la vida que lo exige, sino la justicia de Dios que lo exige. Dios ha permitido que se haga tanto mal. Ha permitido que hagamos tanto mal a los demás. Lo ha permitido, y aparentemente ha hecho de la vista gorda, pero no es así. Él ha tomado nota de cada pequeña cosa que se ha hecho. Si Dios nunca castiga la maldad, no es un Dios bueno. Por eso tiene que haber un Día del Juicio, porque es un Dios bueno. Si hiciera la vista gorda por toda la eternidad a las cosas que se hacen, nunca podríamos llamarlo bueno. También es el Rey del universo. Era parte de la función de un rey antiguo ser el juez, el tribunal de apelación final.

Hasta el día de hoy, toda la justicia de este país se hace en nombre de la reina. Es una función de la realeza ser el tribunal de apelación final de la justicia. Dios es Rey y es el tribunal final de apelación. También es Juez. Sí, es Padre, pero es Rey y es Juez. Su justicia exige que haya un Día del Juicio. Dios no puede ser burlado, dice la Biblia. Todo lo que el hombre sembrare, eso también cosechará. Vendrá una cosecha. Llegará un día de ajuste de cuentas, un día en que se pagarán las facturas. Puede que Dios no nos juzgue todos los viernes. De hecho, le pregunté a un hombre de negocios: "¿Por qué no teme a Dios?". Me contestó: "Porque Dios no me presiona tanto como mis otros acreedores".

No, Dios no nos presiona, pero un día nos confrontará; la justicia de Dios así lo exige. Este es un universo moral, pero ¿por qué todos tenemos que ser juzgados juntos en el Día del Juicio? ¿Por qué no nos juzga en el momento de la muerte y decide entonces, cuando morimos, si vamos al cielo o al infierno? ¿Por qué no lo hace? ¿Por qué todos tenemos que esperar incluso después de morir hasta que llegue ese día? La respuesta es muy sencilla. Para que se haga justicia, hay que ver que se hace justicia. La esencia de la justicia es que no tiene nada que ocultar. Es la injusticia la que tiene que esconderse. Por lo tanto, debe verse que se hace justicia. Ha de ser pública. Por eso hay un banco para la prensa en cada tribunal de esta tierra. En otras palabras, la justicia debe ser vista para ser vindicada.

Por lo tanto, Dios ha designado un Día del Juicio, un Día del Juicio público en el que se verá cómo se hace su justicia. Nadie volverá a criticar a Dios por no ser justo. Ese día habrá tres vindicaciones. En primer lugar, Dios mismo será vindicado. ¿Cuántas veces hemos criticado a Dios por la forma en que dirige el universo? ¿Por qué Dios hace esto? ¿Por qué Dios permite eso? ¿Por qué Dios dejó morir a mi bebé? ¿Por qué Dios permitió que mis padres se separaran cuando yo era un bebé?

¿Por qué? Siempre que decimos eso estamos diciendo: "Dios, podemos dirigir este universo mejor que tú". En realidad, estamos criticando sus caminos providenciales. Estamos diciendo: "No eres un buen rey. Podríamos hacerlo mejor que tú".

Dios tiene que ser reivindicado de todas las críticas que se le han hecho por la forma en que ha dirigido el universo. Un día veremos por qué hizo lo que hizo y, cuando lo hagamos, comprenderemos que tenía toda la razón. Lo veremos con el rey Nabucodonosor, ese hombre que tuvo que volverse loco durante siete años antes de entrar en razón y reconocer a Dios. Pero, cuando reconoció a Dios y recuperó la cordura y el trono, dijo: "Todo lo que haces, Dios, está bien". Un día, el mundo entero tendrá que llegar a esa conclusión. Se le deberá demostrar al mundo entero que Dios ha sido vindicado y que todo lo que hizo estuvo bien, y todo lo que permitió estuvo bien. De hecho, es parte de nuestra esperanza cristiana que un día entenderemos las cosas que ahora no entendemos, en parte porque no somos Dios y no vemos las cosas a su manera. Pero Dios hará lo correcto.

¿Recuerda a Abraham discutiendo con Dios sobre Sodoma y su sobrino Lot? Dios dijo: "¿Le mostraré a Abraham lo que voy a hacer, que voy a destruir esa ciudad?". Le mostró a Abraham, y Abraham dijo: "Dios, suponiendo que hubiera cincuenta personas buenas en esa ciudad, ¿las destruirías junto con toda la ciudad?". Dios dijo: "No, no lo haría".

"Bueno, suponiendo que hubiera cuarenta y cinco personas buenas en esa ciudad, ¿la destruirías?".

"No".

Cuarenta, treinta, veinte, diez. Estaba tratando de proteger a su sobrino Lot, tratando de llevar a Dios a salvar la ciudad por un solo hombre. ¿Sabe lo que Abraham le dijo a Dios? "¿No hará lo correcto el juez de toda la tierra?". De manera crucial, cuando hay cosas que no podemos entender, nos enfrentamos a la cuestión de si nuestra fe cree que Dios siempre hace lo correcto.

Cuando usted perdió aquel bebé, no podía entender por qué.

¿Conoce a Dios lo suficiente como para saber que todo lo que hace está bien y todo lo que permite está bien? ¿O se pregunta por qué? ¿Dice: "Yo no habría permitido que eso sucediera si hubiera sido Dios"? Ahora bien, en el Día del Juicio se verá que Dios ha hecho todo bien. ¡Qué alivio para nosotros! No solo Dios será vindicado en el Día del Juicio, sino que Cristo será vindicado. Usted sabe lo que el mundo piensa de Cristo en este momento. La mayoría de la gente no cree que valga la pena su atención. De hecho, han convertido su nombre en una palabrota y oirás el nombre Jesucristo más en los labios de los incrédulos que en los de los creyentes hoy en día. En los lugares de trabajo, golpean el clavo equivocado con el martillo y dicen su nombre ¿Cómo se atreven a hablar así de él?

Pero ¿por qué lo hacen? Es porque están decepcionados con él, están desilusionados con él. Dicen que el cristianismo lleva dos mil años en el mundo y ¿qué bien ha hecho? La gente piensa que Gandhi ha hecho más por el mundo que Jesús. Pero un día Jesús será reivindicado. La última vez que el mundo vio a Jesús lo vio desnudo y muriendo en una cruz. Pero, en el Día del Juicio, lo verán vindicado, y toda rodilla se doblará y toda lengua confesará que él es el Señor. Entonces el pueblo de Dios será vindicado en ese día. ¡Cómo han sufrido los cristianos! Me quedé destrozado al saber cuántos cristianos murieron el año pasado por Jesús. ¿Sabe cuántos mártires cristianos ha habido este año [Redacción: en el momento en que hablaba el autor]? Si dijera tres mil, ¿se asombraría? Si dijera treinta mil, ¿pensaría que me estoy volviendo loco? Si dijera trescientos mil, ¿qué pensaría?

Bueno, me sobrepasé en esa última cifra. La cifra estimada que he visto es de doscientas ochenta y seis mil personas que murieron por Jesús el año pasado. No ha habido un solo año durante dos milenios en el que no hayan muerto personas por amar al Señor. El mundo los ha descartado. El mundo no era digno de ellos. Pero en el Día del Juicio el pueblo de Dios será vindicado. Todos los que sufrieron por él serán reivindicados.

Se hará justicia y se verá que se ha hecho y será reconocido por todos. Por eso tiene que haber un Día del Juicio.

Sin embargo, a pesar de todo esto, hay algo en nosotros que rechaza la idea. O, para decirlo más honestamente, nos gusta la idea del Día del Juicio para todos los demás, siempre y cuando seamos excusados. Lo que reprochamos a los demás nos lo perdonamos a nosotros mismos. Queremos verlos castigados por las cosas que nosotros hacemos. ¿No es extraordinaria nuestra visión pervertida? Por supuesto, la ciencia nos ha dado dos excusas para lo que hacemos. Nos ha dado las excusas de la herencia y el entorno. La ciencia de la biología dice que somos el producto de nuestros genes. Las ciencias de la psicología y la sociología pueden decir que es la forma en que fuimos educados. Se ha convertido casi en algo bien visto ahora decir: "No soy un pecador. Soy una víctima. Soy un paciente. Necesito sanación, no perdón".

He asistido a muchos juicios y me he dado cuenta de que, en un determinado momento, la mejor manera de intentar librar a un hombre era conseguir que un psiquiatra alegue que él no era responsable de sus actos, que él era la víctima de la forma en que había sido tratado. Entonces, por supuesto, se le puede dar tratamiento en lugar de castigo. Pasamos por una fase en la que muchos jueces quedaron impresionados con ese alegato. A los que he intentado ayudar en los tribunales les he dicho: "Asume tu responsabilidad. Sé un hombre". Es que cada uno de nosotros es el resultado de las elecciones que hemos hecho. ¿Sabía que todos los mayores de cuarenta años son responsables de su rostro?

Quizá usted sea alguien que pueda permitirse reírse de eso, pero otros no podrán hacerlo. Si tiene más de cuarenta años y no le gusta lo que ve en el espejo cada mañana, ya sabe de quién es la culpa. Hasta los cuarenta, tenemos los rasgos con los que nacimos, pero a partir de los cuarenta tenemos la expresión que nos hemos dado a nosotros mismos. Somos responsables de lo que hemos llegado a ser. Recuerdo que un hombre en el banquillo le dijo al juez: "Su señoría, me metí en malas compañías". Me di cuenta de que no dijo: "Elegí a los amigos equivocados". "Me metí en malas compañías" o "caí en malas compañías", como si no pudiera evitarlo. Conocemos a demasiadas personas que se han elevado muy por encima de su origen o han caído muy por debajo de él como para decir que este es un factor decisivo. El verdadero factor en la formación de nuestro carácter son las elecciones que hemos hecho a lo largo de la vida. Usted y yo somos el resultado de esas elecciones, y el Día del Juicio revelará nuestra responsabilidad. Permítame decir de forma absolutamente categórica que no tiene nada que temer si teme ser culpado por algo de lo que no es responsable. Dios nunca lo culpará por algo que no pudo evitar, nunca. Pero no es eso lo que me preocupa.

Lo que me preocupa son las cosas en las que podría haber ayudado. Así que no tenemos que temer un error judicial en el Día del Juicio: nada. Dios nunca culpará a nadie por algo de lo que no es responsable. Pero nos culpará por las cosas de las que somos responsables: las cosas que no hicimos, y no solo las que hicimos. Un niñito le dijo a la maestra en la escuela: ¡Maestra, usted no me castigaría por algo que no he hecho, ¿verdad?".

La maestra dijo: "No, claro que no". "¡Pues no he hecho los deberes!", dijo el niño. Hay pecados de omisión y pecados de comisión.

Tenemos la oración anglicana, "las cosas que hemos hecho que no deberíamos haber hecho y las cosas que no hemos hecho que deberíamos haber hecho". El verdadero temor no es para los que dicen: "En realidad, no soy malo", sino para los que dicen: "Sé que en realidad lo soy". Cuanto más crecemos, mayor es ese temor, porque cuanto mayor somos, más nos conocemos a nosotros mismos y más nos damos cuenta de cómo somos en realidad. Básicamente, somos criaturas terriblemente egocéntricas.

Nuestra primera preocupación suelen ser nuestros propios sentimientos. La segunda, los sentimientos de los demás. Y, la última, los sentimientos de Dios. Hay mucha gente que no tiene ni idea de que Dios también tiene sentimientos. Sin embargo, la Biblia está llena de los sentimientos de Dios. Espero que tenga una Biblia que distinga la poesía de la prosa. En la Biblia, la prosa parece una columna de periódico, con la letra impresa hasta los lados. Pero en la poesía las palabras se imprimen en líneas más cortas con espacios entre ellas. Usted conoce la diferencia. Espero que tenga una Biblia que haga eso, porque hay una razón muy importante por la que a veces Dios nos habla en prosa y a veces en poesía. Cuando habla en prosa, está comunicando sus pensamientos desde la mente de él a la mente de usted a través de la prosa. Pero, cuando comunica sus sentimientos de su corazón a nuestro corazón, utiliza la poesía. Nosotros hacemos lo mismo cuando estamos enamorados y escribimos poesía, porque queremos expresar sentimientos más que pensamientos. La Biblia está repleta de los sentimientos de Dios. Descubrimos las cosas que le entristecen, las cosas que le alegran, las cosas que le disgustan, las cosas que lo enojan. El Día del Juicio está muy relacionado con la ira de Dios. Hay dos palabras para la ira en el Nuevo Testamento. Una es para esa ira lenta, que hierve a fuego lento, que entra y no sale. Entra y es profunda y larga. La otra palabra es para un temperamento rápido y corto que hierve rápidamente y normalmente se acaba muy pronto.

Me pregunto cuál es el problema que tiene usted. ¿Su problema es la lenta ira que hierve a fuego lento en su interior? La gente ni siquiera sabe que está enfadado, pero lo está. ¿O tiene la ira rápida? Tal vez tenga ambas. ¿Cuál cree que es la ira de Dios, la lenta o la rápida? La respuesta es ambas. Si me permite una ilustración, ¿alguna vez ha puesto una sartén con leche en el fuego y luego se ocupó de sus visitas o de otra persona y de repente se dio dado cuenta de que la leche se derramó?

Si se hubiera quedado observando, no habría ocurrido, porque habría visto el primer burbujeo. La habría visto hervir a fuego lento y la habría retirado del fuego tan rápido como hubiera podido, antes de que explotara. Pero cuando su atención esta fuera de ese hervir a fuego lento, de pronto la leche está por todos lados en la cocina y tiene que limpiarlo todo. La ira de Dios en este momento está hirviendo a fuego lento. Por eso mucha gente no se da cuenta. Esta ahí; todos los síntomas están ahí de que la ira de Dios está sobre nosotros. Si lee Romanos 1, encontrará una descripción de lo que ocurre en la sociedad cuando Dios se enfada con ella, revelando su ira a fuego lento. No se manifiesta demasiado en grandes catástrofes, pero sí en otras cosas. Se manifiesta sobre todo en la manera en que la gente desarrolla apetitos incontrolables, de modo que la comida y el sexo se convierten en obsesiones.

Cuando Dios se enfada con una sociedad, la gente no solo desarrolla apetitos incontrolables, sino también relaciones antinaturales, en particular relaciones homosexuales. Todo esto está en Romanos 1. Eso es lo que sucede a sus cuerpos cuando la ira de Dios está sobre una sociedad. Lo que sucede a sus mentes es que desarrollan un comportamiento antisocial. Hay una lista en Romanos 1, que podría haber sido sacada de cualquier registro policial, de actitudes antisociales, rebelión contra la autoridad y desobediencia a los padres. Hay una larga lista de actitudes rebeldes que conducen a una sociedad violenta, a una actitud sin ley. Ahora bien, si estos son los síntomas de la ira latente de Dios, sería un hombre audaz quien afirmara que Dios no está enfadado con Gran Bretaña hoy en día. Los signos están ahí para los que miran, pero la mayoría de la gente ni siquiera piensa que Dios tiene sentimientos y, por lo tanto, no se dan cuenta de la ira latente. Pero el concepto en el Nuevo Testamento del Día del Juicio es que es el día en que la ira de Dios hierve y rebalsa. Se lo llama el día de su cólera o el día de su ira. Es el día en que, finalmente, su ira explota de tal manera que la gente sabe que está enfadado, lo hayan notado antes o no.

Esta es una perspectiva interesante del Día del Juicio: el día en que se manifiesta la ira de Dios. Incluso se nos dice que ese día la gente gritará a las montañas: "Caigan sobre nosotros" para no tener que enfrentar la expresión del rostro de Dios y de su Hijo Jesús. La gente dirá entonces: "Sálvennos, caigan sobre nosotros para que no veamos la ira del Cordero y de Dios". ¿Puede imaginar una situación en la que la gente prefiera ser aplastada por un terremoto que enfrentarse a la ira de esas dos personas, el Padre y el Hijo? Es una descripción aleccionadora. Ahora bien, Romanos 1 nos lleva a Romanos 2 y este último nos habla mucho de este día de su ira. Dice que debemos darnos cuenta de su ira actual y ocuparnos de ella ahora u ocuparnos de la causa de ella ahora para que no estemos acumulando su ira para el día en que estalle.

He aquí algunas de las cosas que nos dice Romanos 2. Primero, el Día del Juicio es para todos, sin excepción. Todos los seres humanos que han vivido van a ser resucitados. La resurrección no es solo para los justos; es para los malvados también. Todos van a recibir ese cuerpo nuevo. Después de la resurrección de todos, el juicio de todos tendrá lugar. No importará si era grande o pequeño, alto o bajo, si era muy conocido y famoso o nadie lo conocía. Cada persona será juzgada personalmente. Ese día usted no tendrá a nadie a su lado. Ese día no podrá esconderse detrás de nadie. Estará solo.

Esa es una de las enseñanzas más claras de las escrituras: que, aunque todos estaremos juntos en ese día, cada uno de nosotros será tratado por separado, separado de sus parientes, separado de sus amigos, solo. Así que, primero será para todos. Segundo, como he mencionado, se nos dice que Jesús será el Juez, no el Padre. El Jesús humano será el juez. No estoy seguro de que eso me consuele mucho, porque si había una persona que podía ver a través de la gente era Jesús. Él sabía todo lo que pasaba dentro de los corazones de las personas. En tercer lugar, ¿qué tipo de pruebas se examinarán en el juicio? ¿Qué tipo de evidencia determinará si somos absueltos o declarados culpables?

Déjeme decirle cuáles no serán las pruebas. En primer lugar, la prueba no será su apariencia. No será la apariencia ante los demás porque, francamente, la mayoría de nosotros podemos engañar a los demás; no siempre, pero podemos engañar a los demás con nuestra apariencia. Podemos poner una fachada y ocultar nuestros sentimientos. Podemos poner un seto en el exterior y cortinas de encaje en el interior. Pero en ese día la apariencia no importará en absoluto, porque Dios no mira la apariencia externa.

En segundo lugar, la prueba no será lo que profesemos. Hay mucha gente que profesa amar al Señor, mucha gente que profesa fe, mucha gente que dice: "Señor, ¿no echamos fuera demonios en tu nombre?". Todo eso es profesión, pero en el Día del Juicio lo que profesemos será totalmente irrelevante. Lo que digamos de nosotros mismos no será considerado. Tercero, la evidencia no será nuestra reputación. No podremos decir, "Jesús, habla con tal y tal. Ellos tienen una opinión diferente sobre mí". La reputación no tendrá ninguna importancia en ese día. Entonces, ¿cuál será la evidencia? La respuesta son dos cosas: nuestros hechos y nuestras palabras; lo que hemos hecho y lo que hemos dicho.

La Biblia dice que si nunca has dicho algo incorrecto eres absolutamente perfecto, así que hay una muy buena prueba para que apliques en cuanto a qué tan santificado estás. Me pregunto cuántos de nosotros estaríamos contentos si hubiera una gran pantalla y todo lo que hemos hecho hubiera sido filmado y ahora estuviera siendo mostrado a todos los demás. O supongamos que todo lo que hubiéramos dicho, incluso en privado, hubiera sido grabado y estuviera siendo reproducido para todo el mundo. Me pregunto cuántos amigos nos quedarían. Jesús dijo que seremos juzgados por cada palabra ociosa. Esto es todo un pensamiento. Las palabras ociosas son las que se nos escapan cuando no controlamos bien nuestra lengua, las que se nos escapan cuando estamos demasiado cansados o cuando estamos enfadados. Por cada palabra ociosa, seremos llevados a juicio.

Esta es la evidencia, y Dios es absolutamente justo. No tiene ningún favoritismo. Supongo que una de las cosas más serias que

Jesús dijo sobre el Día del Juicio fue la siguiente: será el día en que los secretos de los hombres serán juzgados. Lo expresó de otra manera cuando dijo que lo que se ha susurrado en la alcoba se gritará desde las azoteas, el día en que se juzgarán los secretos de los hombres. No las cosas que el mundo vio sino las cosas que solo Dios conocía. ¡Ya le dije que no era un tema cómodo!

Lo siguiente que se nos dice es que este Dios es tan justo y equitativo que solo juzgará a las personas por la luz que hayan recibido. Esta es la respuesta a todas esas preguntas sobre los que nunca han oído. Cuántas veces me han dicho: "¿Y qué pasa con los que nunca han oído acerca de Jesús?". Yo les digo: "¿Quieres ser misionero?". Descubro que los que me siguen preguntando sobre los que nunca han oído no quieren ir a decírselo. Solo intentan encontrar defectos en el cristianismo. No tienen ninguna intención real de ir a compartir las buenas nuevas con los que nunca han oído. Pero la respuesta de la Biblia es absolutamente clara: los que nunca han oído no serán condenados por no haber oído nunca. De hecho, Pablo dijo muy claramente que los que solo han oído los Diez Mandamientos solo serán juzgados por los Diez Mandamientos.

Aquellos que nunca han escuchado los Diez Mandamientos serán juzgados solo por lo que su conciencia les ha dicho que está bien o mal. ¿Es eso justo? Es absolutamente justo. Dios solo juzgara por la luz que se ha recibido. El problema es que todo el mundo ha recibido algo de luz y de dos maneras en particular, dice Pablo: han recibido luz de su conciencia interior y de la creación exterior. De la creación exterior, deben saber que hay un poder mayor que ellos mismos, y de su conciencia interior, deben saber que ese poder es un poder moral y se ocupa del bien y del mal. Entonces, todo lo que una persona necesita hacer para ser absuelta ante Dios es decir: "Dios, siempre he hecho lo que mi conciencia me decía que era correcto". Eso es todo, pero ¿quién puede? Ese es el problema. Es que cada persona en la tierra tiene un concepto del bien y del mal. La Biblia dice que es Dios que escribe su ley en su corazón interior.

La prueba de que todo el mundo tiene conciencia es que se apresuran a decir a los demás cuando se equivocan. ¿Lo ha notado alguna vez? Si Dios solo lo juzgara por lo que usted dice que está mal en otras personas, sería suficiente, ¿no? Pero somos muy rápidos para condenar en los demás lo que hemos hecho nosotros mismos. De hecho, la psicología nos dice que estamos más dispuestos a criticar en los demás lo que hacemos o queremos hacer nosotros mismos. Así que los que han crecido en países cristianos serán juzgados por la luz que han recibido. Los criados en la fe judía serán juzgados por la luz que hayan recibido. Aquellos criados como paganos serán juzgados por la luz que han recibido. Todos han recibido luz.

Por eso hay grados de castigo en la Biblia, y por eso será más tolerable para Sodoma y Gomorra que para Capernaúm, porque Sodoma y Gomorra nunca tuvieron a Jesús y nunca vieron sus milagros, pero Capernaúm sí. Aunque Sodoma y Gomorra han desaparecido de la faz de la tierra también han desaparecido Capernaúm, Betsaida y Corazín. Estas ciudades tenían mucha más luz y fueron juzgadas por esa luz. Por lo tanto, Dios nunca nos juzgará por lo que no sabíamos o por la luz que nunca recibimos. El problema es que cada uno de nosotros ha tenido suficiente luz para saber que lo correcto es correcto y lo incorrecto es incorrecto. Entonces, ¿cuál será el veredicto ese día? Solo puede haber uno. Todo el mundo es culpable. Es el único veredicto posible.

Entonces, ¿por qué pasar por todo el embrollo del Día del Juicio para encontrar a todos culpables cuando se abran todos esos libros? A menudo me ha parecido muy interesante el programa This is Your Life (Esta es tu vida). Había una vez un hombre en ese program que conocía personalmente y que sabía que era un ladrón. Era empleado de mis abuelos y sabía cómo era. Sin embargo, en el programa This is Your Life era un héroe, un santo. Era de lo más incómodo estar allí sentado viéndolo.

Si lee los artículos que se escriben sobre ese programa sabe que descubren todo tipo de cosas horribles. Los investigadores lo sacan a relucir y luego lo censuran cuidadosamente y seleccionan todas las partes buenas.

No lo dude. Un día se abrirá un libro. Esta es su vida y en ese libro está todo, no solo las partes buenas, no solo lo que otras personas han pensado de usted o han visto. Ahí está todo. ¿Cómo se sentirá? Tengo buenas noticias para usted, porque hay otro libro que será abierto en el Día del Juicio. Se llama el Libro de la Vida del Cordero. Es un libro lleno de nombres de gente mala pero todos ellos se han convertido en parientes de Jesús. Ellos han sido escritos en su libro bajo su nombre y pueden ser absueltos porque él vivió la única vida perfecta que se ha vivido, y mi nombre está bajo el suyo en ese libro. Esa es la única esperanza que tendré en ese día.

Voy a señalar en el próximo capítulo que me temo que su nombre puede ser borrado de ese libro. Pero si su nombre permanece en ese libro y está allí en el Día del Juicio, entonces será absuelto. ¿No es asombroso? Le voy a decir por qué eso es posible más adelante en este libro. Esa es la única esperanza para mí o para usted o para cualquiera en ese día, cuando esos libros sean abiertos y el libro "Esta es mi vida" sea abierto. La única esperanza que tendré será que mi nombre todavía estará en ese otro libro. Si mi nombre está en ese libro será bajo el nombre de Jesús y cubierto por su vida, no la mía. Entonces Dios podrá absolverme. Creo que es saludable pensar en el Día del Juicio.

Es saludable recordar a la gente que todos tenemos estas dos citas: la primera, el día en que morimos y la siguiente, el día en que todos nos presentamos juntos ante Jesús y damos cuenta de cómo hemos vivido aquí abajo. ¿Qué hay más allá de ese día? Solo hay dos posibilidades, ya que solo hay dos veredictos posibles, culpable o inocente. Vamos a ver en los próximos dos capítulos lo que sucede con el culpable y luego terminaremos con lo que sucede con el absuelto.

CAPÍTULO 4

EL CASTIGO DEL INFIERNO (PARTE 1)

Una vez prediqué a una congregación de perros – la mayoría de raza labrador – que me prestaron una atención increíble. ¿Me creen? Era un servicio para invitados y cada uno de los perros había traído a un invitado que era ciego. ¿Ahora me cree? ¡Debería haberme creído la primera vez! Era la reunión anual de Torch Trust para ciegos, y muchos de ellos habían traído a sus perros guía. Los ciegos normalmente escuchan con la cabeza inclinada hacia un lado, pero los perros escuchaban y miraban a este hombre agitando los brazos. Cuando miré a la congregación, lo único que vi fueron los ojos de esos perros mirándome. Aquella mañana le pregunté al Señor qué debía predicar a aquellos ciegos. Me dijo: "Predica sobre el infierno".

Yo pensé: "No puedo hacer eso. Ellos son minusválidos, han sufrido, necesitan una palabra de consuelo y ánimo", pero el Señor dijo: "Predica sobre el infierno". Así que hablé de un versículo del Sermón del Monte: "Es mejor perder la vista y entrar en la vida que conservar los ojos e ir al infierno". Dije: "Ustedes, los ciegos, ¿oran alguna vez por los que tenemos vista, porque la mayoría de nuestras tentaciones nos entran por los ojos?". Se llama "la concupiscencia de los ojos". Había allí una anciana – creo que tenía ochenta y cuatro años – que había sido ciega de nacimiento; nunca había podido ver. Estaba muy resentida y amargada por ello.

Pero, por primera vez en su vida, sintió compasión de mí porque yo podía ver. Toda la amargura abandonó su corazón y abrió su corazón al Señor, y en el autobús de vuelta ese día cantó himnos todo el camino. Murió el jueves siguiente, y la primera persona a la que vio fue a Jesús. No era la primera vez que predicaba sobre el infierno, pero no lo he hecho con frecuencia. ¿Ha notado que muy pocos lo hacen en estos días? Parece que se ha dejado de lado. De hecho, si usted quiere oír la palabra de nuevo vaya y trabaje entre los incrédulos y la oirá todo el tiempo. Ahora se la trata simplemente como un improperio, una manera en que la gente trata de quitarle importancia y quitarle el miedo, de usar la palabra tan frecuentemente que pierde su significado.

¿Oyó hablar de Charlie "Dry Hole" Woods? Seguro que no, pero Charlie Woods recibió el apodo de "Dry Hole" (agujero seco) porque siempre estaba buscando petróleo en su patio trasero sin encontrarlo. Hasta que encontró el mayor pozo de California, que producía unos dieciocho mil barriles al día y en su punto álgido llegó a los ochenta y cinco mil barriles. Después de que consiguió el primer chorro de esta materia negra que vertía, estaba siendo entrevistado por un reportero. Le dijo lo siguiente: "Es el infierno, literalmente el infierno. Ruge como el infierno. Crece, surge y arrasa como el infierno. Es tan incómodo como el infierno y tan incontrolable como el infierno. Es negro y caliente como el infierno", ciertamente una exageración de la palabra, ¿no cree?

Cuando se utiliza la palabra con tanta libertad, ya no infunde miedo. Ya no significa lo que significaba originalmente. Esa es una de las formas en que el mundo se ríe de ella. La segunda forma en que el mundo se ríe de la idea del infierno es convertirla en tema de comedia. Es todo un homenaje a la comunicación de la iglesia que la mayoría de la gente de fuera sepa lo que significa la palabra infierno y es bastante sorprendente la cantidad de chistes que hacen los cómicos sobre el infierno, sobre su temperatura, sobre la compañía que hay allí, sobre todo tipo de cosas. Es otra forma de quitarle importancia al asunto y de que la gente ya no lo tema. El infierno también se ha reinterpretado desde un punto de vista existencial. Quiero decir con esto que la gente dice: "Uno hace su infierno en la tierra". ¿Ha oído esa frase? Eso logra dos cosas.

En primer lugar, trae al infierno a este lado de la muerte para que no haya que temerlo más allá de la muerte. También significa que Dios ya no toma la decisión, o el Señor Jesús no toma la decisión, de enviar a la gente al infierno; ellos lo hacen por sí mismos. Por lo tanto, si vamos allí es nuestra decisión, no la suya. De nuevo, de una manera muy sutil se le ha quitado la importancia. Así es como el público en general habla del infierno. Lo que es asombroso es que dentro de la iglesia se ha dejado de hablar del tema. Parece haber desaparecido. Vamos a ver en un momento que el lado serio de eso es que muchos predicadores, incluso predicadores evangélicos, ya no creen en ello, aunque Jesús aparentemente sí.

Por lo tanto, tenemos ante nosotros un tema bastante serio. La gente tiene aversión a la doctrina del infierno. No me sorprende. Es la doctrina más ofensiva e inquietante de la fe cristiana. Desearía no tener que incluirla, pero estoy hablando de aquellas cosas en el futuro que son absolutamente seguras y esta es una de esas cuatro cosas de las que podemos estar absolutamente seguros. El infierno es real. Si no lo es, entonces Jesús era un mentiroso y no estoy dispuesto a decir eso. Se han utilizado argumentos en contra del infierno, incluso dentro de la iglesia. Estoy hablando de la iglesia ahora y de los creyentes. Los eruditos y los teólogos utilizan argumentos para descartar la existencia del infierno. Normalmente lo hacen tomando un atributo de Dios y convirtiéndolo en la totalidad de Dios y luego argumentando que el infierno no puede coexistir con él.

La gloria de Dios es la suma de todos sus atributos, y es muy peligroso tomar uno de esos atributos y convertirlo en la base de nuestro pensamiento. Permítame explicar lo que quiero decir. Algunas personas toman el amor de Dios, que es uno de sus atributos, y lo convierten en el todo. Por lo tanto, dicen: "¿Cómo podría un Dios de amor enviar a alguien al infierno?". En tren de argumentar, si yo amara a las personas, no podría hacerles eso. ¿Cómo puede Dios amar a las personas y hacerles eso? Otros han destacado el poder de Dios y dicen: "Si Dios es todopoderoso, entonces no puede fracasar en lo que se propone. Por lo tanto, si se propone llevar a todos al cielo, puede lograrlo. Su poder es capaz de hacerlo. Por lo tanto, si alguien termina en el infierno, Dios ha fallado. Él es débil y su poder no es omnipotente. Su poder es inadecuado para salvar a todo el mundo".

Luego están los que toman su justicia y dicen: "¿Es justo castigar para toda la eternidad unos años de vicio o crimen? ¿Es justo que gente como Saddam Hussein y mi agradable vecino de al lado acaben en el mismo lugar?". Así que toman la justicia de Dios y argumentan desde ahí contra el infierno. Todos estos están haciendo exactamente lo mismo. Toman parte del carácter de Dios y lo convierten en el todo. Pero cada uno de sus atributos califica a los otros y todos se mezclan. En otras palabras, Dios no es solo amor, es amor santo. Esto marca una gran diferencia. Su santidad califica su amor y, por mucho que nos ame, su santidad no puede permitir que el pecado continúe para siempre, de modo que su amor está calificado por su santidad. Su poder está cualificado por su amor.

No obligará a nadie a ir al cielo. Él no quiere gente en el cielo que esté allí involuntariamente. Quiere que la gente elija libremente estar en su familia; eso califica su poder. Él podría hacer que todos fuéramos buenos, pero ha elegido no hacerlo, porque quiere hijos e hijas y no robots en la gloria. Entonces, todos estos son argumentos de parte de Dios en cambio de la totalidad de Dios. Ese es un error que cometen muchos cristianos. Ellos ven el lado bueno y no les gusta el otro lado. Pero el Nuevo Testamento dice: "He aquí, pues, la bondad y la severidad de Dios". Van juntas y, para tener una gran visión de Dios necesitamos todo el consejo de Dios y toda la verdad. Entonces, ¿qué proponen poner en su lugar estos teólogos y eruditos que argumentan contra el infierno como incompatible con al menos parte del carácter de Dios? ¿Cuáles son las alternativas que se predican hoy en día?

Hay dos principales. Podríamos repasar un montón, pero hay dos grandes que se predican mucho hoy en día. Una es una alternativa al infierno que está siendo predicada por aquellos que llamamos liberales, que no aceptan la total inspiración y autoridad de las escrituras. Por desgracia, la otra alternativa está siendo predicada por aquellos que sí aceptan la inspiración y la autoridad de las escrituras, lo crean o no. Entonces, ¿cuáles son las dos alternativas? Lamento darles ahora dos palabras bastante grandes y ambas terminan en "ismo". Siempre tenga cuidado con las palabras que terminan con las cuatro letras i-s-m-o, porque la mayoría de las palabras que terminan en "ismo" tienen un poder demoníaco para convertirse en una obsesión para la gente, incluso cuando son "ismos" religiosos.

El anglicanismo y el metodismo y el bautismo y el evangelismo son los únicos ismos con los que estoy contento. Pero, aparte de esos, cuidado con todos los "ismos", porque tienen esa capacidad de obsesionar a una persona. He aquí los dos "ismos" que se proponen en lugar del infierno. El número uno es el universalismo. Esta es la alternativa liberal al infierno. Los universalistas creen que algún día, de alguna manera, todo el mundo terminará en el cielo. Implica creer que, después de la muerte, habrá una segunda oportunidad y una tercera y una cuarta y una quinta. De hecho, un número indefinido de oportunidades para salvarse, de modo que la gente puede decidir más tarde ir al cielo incluso si no lo decidieron antes de morir. Por supuesto, si uno se encuentra en el infierno tiene un verdadero incentivo para elegir el cielo. Eso es el universalismo.

En realidad, el universalismo tiene dos formas, una de las cuales dice: "Un día, todo el mundo será salvo". Pero hay una versión moderna que dice: "Todo el mundo ya es salvo. Desde que Jesús murió por el mundo todo el mundo es salvo y todo lo que tenemos que hacer es decirles que son salvos". Un papa se comprometió con este punto de vista de que todas las personas han sido redimidas por Cristo, lo crean o no. Todos van camino del cielo. La tarea de la iglesia es decirles que van allí y decirles que son salvos. Esa es la buena nueva.

Ninguna de estas formas de universalismo tiene lugar para el infierno. O todos nos vamos a salvar o ya nos hemos salvado, pero en cualquier caso todo el mundo se dirige al cielo. Esa es la parte universal del universalismo. Ahora bien, los evangélicos que creen en la inspiración y la autoridad de la Biblia no pueden, por supuesto, aceptar eso, porque la Biblia deja muy claro que habrá una división en el Día del Juicio entre los salvados y los perdidos, entre los culpables y los absueltos. Hay una división en blanco y negro en las escrituras entre los que están en el camino ancho que lleva a la destrucción y los que están en el camino estrecho que lleva a la vida. No se puede eludir esta división en la raza humana en las escrituras.

Entonces, ¿cuál es la alternativa al infierno que predican los principales evangélicos de este país? La respuesta es el aniquilacionismo. Esta es la creencia de que los pecadores simplemente dejan de ser. Van al olvido. No sufren en el infierno. Se convierten en nada. De nuevo, hay dos versiones de esto. Una es creer que los pecadores se convierten en nada en el momento de la muerte, mientras que la otra es creer que los pecadores se convierten en nada después del Día del Juicio. Se apela a algunas partes de las escrituras. Por ejemplo, que el infierno es fuego que destruye. No se puede sobrevivir en el fuego, lo que significa que el castigo eterno no se refiere al sufrimiento eterno sino al efecto eterno de ser aniquilado.

Yo hubiera pensado que era bastante eterno ser aniquilado, pero así es como ellos evaden la frase "castigo eterno". Es eterno en su efecto, pero no en su experiencia. Este es ahora un debate candente. Usted lo ha visto en revistas. Tal vez vio en una revista cristiana nacional a una señora que escribió una carta que simplemente decía: "Yo no podría amar a un Dios que enviaría a alguien al infierno". Esa es su postura. Eso fue lo que dijo.

Francamente, está diciendo que Jesús no sabía de lo que hablaba, porque todo lo que sabemos sobre el infierno lo sabemos de labios de Jesús. ¿Lo sabía? Dios no confió en nadie más para decirnos una verdad tan terrible. No lo sabemos ni por Juan, ni por Pablo, ni por Pedro. No hay ni una palabra sobre el infierno en el Antiguo Testamento. Todo lo que sabemos viene de labios del propio Jesús. Si había alguien que conocía bien a Dios era sin duda su Hijo. Él sabía todo sobre el amor de Dios y el poder de Dios y la justicia de Dios, y aun así enseñó el infierno. Así que volvemos a la enseñanza de Jesús, pero antes de examinarla en detalle, quiero explicar algo. Quiero darle un marco de pensamiento que necesita antes de que pueda entender el resto de lo que voy a afirmar.

Este es el marco. La existencia humana tiene tres fases, tres etapas, no dos. Es una idea muy común, incluso dentro de la iglesia, que uno muere y va al cielo o al infierno. Eso se basa en un marco de dos fases. Pero, por lo que ya he enseñado sobre el Día del Juicio, usted sabe que hay tres fases de la existencia humana. La fase número uno es en la que estamos todos en este momento. Es este mundo en el que yo soy un espíritu encarnado. Al morir, mi espíritu y mi cuerpo se separarán y habré terminado con mi cuerpo. Solo habrá sido un abrigo que me puse. Mi segunda fase de existencia será la de un espíritu incorpóreo. Nunca lo he sido, así que va a ser una experiencia nueva y, como Pablo, no estoy muy seguro de ello en este momento. Sin embargo, estoy igualmente seguro con Pablo de que será mucho mejor que esta vida con un cuerpo.

Pablo dijo: "Prefiero pasar directamente de la fase uno a la fase tres, de mi viejo cuerpo a mi nuevo cuerpo", pero aun así, "si tengo que desvestirme", como dijo, "prefiero estar ausente del cuerpo y presente con el Señor, que es mucho mejor". Así que la segunda fase es aquella en la que estamos ausentes del cuerpo. Si conocemos al Señor, estamos presentes con el Señor. Es casi irrelevante preguntar donde será eso, porque sin un cuerpo no preguntamos dónde. No necesitamos estar localizados, por así decirlo. Los espíritus no están sujetos a la misma existencia dimensional que los cuerpos.

Lo importante es con quién estaremos. Estaremos con el Señor, plenamente conscientes y capaces de comunicarnos, pero sin cuerpo. La tercera fase viene después, cuando todos juntos obtenemos un nuevo cuerpo y volvemos a ser espíritus encarnados y seres humanos completos en el sentido total. ¿Se da cuenta de que Jesús pasó por estas tres fases en menos de una semana? En el día de su muerte, su cuerpo y su espíritu se separaron y entregó su espíritu al Padre que se lo había dado. Durante los tres días y noches siguientes estuvo plenamente consciente y activo y predicó a los que se habían ahogado en los días del Diluvio de Noé. Lo sabemos por Simón Pedro, que nos lo contó en su carta. Imagino que Jesús se lo dijo a Pedro cuando se encontró con él el primer domingo de Pascua. No sabemos dónde se encontraron ni qué se dijeron; solo sabemos que se le apareció a Pedro. Es una información extraordinaria. Me parece una prueba de que nadie inventó la Biblia. ¿A quién se le habría ocurrido? Así que Jesús estaba plenamente consciente, comunicándose plenamente. Pero más que eso, las personas que se habían ahogado en el diluvio de Noé estaban plenamente conscientes.

Dos minutos después de haber muerto usted estará plenamente consciente. Sabrá quién es. Podrá comunicarse. Si está con el Señor, ¡qué emocionante será! Alguien me preguntó, después de que dije eso: "¿Y un minuto después de estar muerto?". Bien, un minuto, un segundo después de que esté muerto, estará completamente consciente. No caerá en el olvido. No le ocurrió a Jesús. Pero entrará en esa fase incorpórea. El cielo y el infierno pertenecen a la tercera fase. Eso es lo que quiero transmitir ahora. Ambos son lugares para personas con cuerpo.

El castigo del infierno, parte 1

Eso es muy importante. Yo no utilizo la frase "ir al cielo". Le diré más en el último capítulo. Pero esto de hablar de ir al cielo o al infierno cuando morimos es bastante engañoso. Nadie está en el infierno todavía, ni siquiera Satanás. Es un lugar deshabitado. Es interesante que Jesús hablara del cielo y del infierno con la misma palabra.

Dijo que ambos están siendo "preparados". "Voy a prepararles un lugar" y "Apártense de mí, malditos, al castigo eterno preparado para el diablo y sus ángeles". Tanto el cielo como el infierno se encuentran en este momento en estado de preparación. Todavía no están habitados. Por eso, prefiero decir que alguien que ha muerto en la fe ha ido a estar con el Señor, que es como habla el Nuevo Testamento. Lo importante en esa fase intermedia no es dónde está, sino con quién está. ¿Entiende este marco, las tres fases? La Biblia nos habla muy poco de la fase intermedia. Concentra nuestro pensamiento en la fase final, más allá de la resurrección y el juicio. Ese es el infierno del que hablo, no algo intermedio. Hablo de lo que hay más allá de la resurrección.

De eso hablaba Jesús, y quiero ver primero cómo lo describió. Supongo que todos tenemos una imagen mental del infierno. Por lo general, la hemos tomado de alguna mala experiencia que hemos tenido, y dos experiencias vienen a mi mente cada vez que escucho la palabra "infierno". La primera fue cuando estaba en Hong Kong con una señora llamada Jackie Pullinger. Puede que haya oído hablar de sus experiencias en la ciudad amurallada de Hong Kong. Ella me llevó a la ciudad amurallada.

La primera sorpresa fue que no había ningún muro. Me imaginaba un gran muro de piedra, pero los japoneses lo derribaron durante la guerra y lo arrojaron al puerto para construir la pista de aterrizaje de los aviones. Cuando uno aterriza en un Jumbo, lo hace sobre la muralla de la ciudad amurallada, pero la ciudad amurallada en sí seguía allí cuando fui. Era un montón de casuchas de quince o veinte pisos de altura, apiladas unas encima de otras. Era una pequeña parte de Hong Kong que no pertenecía a los británicos. No era propiedad de nadie. Por lo tanto, en esa minúscula parte de la ciudad, que no puede tener mucho más de diez veces el tamaño de una iglesia, no había ley, no había policía. Uno podía hacer lo que quisiera en esa ciudad. Puede imaginarse que el crimen y el vicio florecían. Era donde las Tríadas tenían su cuartel general. Allí vivían los chulos y las prostitutas. Era donde vivían los traficantes de drogas. No podía ser tocado. Iba a tener que ser derribado antes de que Hong Kong fuera devuelto a China. Se entraba por una pequeña abertura y el lugar estaba muy oscuro por dentro. Si uno iba a visitar a alguien en el último piso, tenía que subir al tejado de otra persona. La suciedad, las aguas residuales, las ratas... era indescriptible. La única habitación luminosa estaba justo en el centro, en la planta baja, la habitación donde Jackie Pullinger ora por los drogadictos. Es una mujer increíble. Cuando salí a la luz del sol después de estar en aquel horrible, oscuro, lúgubre y deprimente lugar lleno de vicio y crimen, instintivamente dije: "Acabo de estar en el infierno". Eso fue hace años, pero unos tres años después experimenté algo peor.

Estaba en Polonia y fui a un lugar llamado Auschwitz. Allí me encontré en una cámara vacía y sin ventanas. Tenía dos puertas, una en un extremo y otra en el otro. En el techo había lo que parecían duchas, pero a través de esas duchas salía el mortífero gas Zyklon B que dio muerte a cientos y cientos de personas. Obligaban a hombres, mujeres y niños a entrar en esa habitación de dos en dos. No podían moverse. Les decían que iban a ducharse, así que dejaban la ropa fuera y luego los gaseaban. Luego les cortaban el pelo para rellenar cojines y les sacaban el oro de los dientes con alicates. Si tenían tatuajes en la piel, se los quitaban con cuidado para hacer pantallas de lámparas. Derretían su grasa para hacer jabón, luego quemaban los cuerpos hasta reducirlos a cenizas y los vendían como abono. Desde que llegaban al campo hasta que los vendían como abono pasaba una hora y media. Me quedé solo en esa cámara. Sentía que estaba en el infierno. Curiosamente, recuerdo que abrí mi periódico después de que la princesa Ana estuvo en Auschwitz y ese era también su título: Princesa en el infierno. Todos tenemos nuestras imágenes, nuestras experiencias. Sin embargo, ninguna de ellas se parece realmente a la imagen que Jesús nos dio.

Vayamos a Jesús. ¿Cómo veía él el infierno? La respuesta es muy simple. Él pensaba en el infierno como un vertedero, un basurero. Siempre lo llamó Gehena, que es la palabra hebrea para el valle de Hinón. Ese es un valle real. Está a las afueras de la ciudad de Jerusalén, pero los turistas nunca lo ven. Una de las razones es que es demasiado profundo. Cuando uno está en la ciudad vieja de Jerusalén, no se da cuenta del valle. Hay que salir por la puerta sur y mirar hacia abajo para verlo. Es tan profundo y oscuro, que el sol no toca ni una parte del fondo del valle. Cuando fui por primera vez a Israel en 1961, ese valle seguía utilizándose para el mismo fin que en tiempos de Jesús.

Salía humo de él. Allí era incinerada toda la basura de la ciudad. Y bajé al valle. Había comida podrida y gusanos allí. Esa era la imagen. Jesús dijo: "Donde el fuego nunca se apaga y los gusanos nunca mueren". Así que Gehena era ese valle. Pero no se puede ver ahora porque ha sido ajardinado. Ahora es un parque público en un hermoso valle, pero todavía se puede ir y caminar a través de él. Está a las afueras de la ciudad. La puerta de la muralla sur se llama, significativamente, la Puerta del Estiércol y puede adivinar por qué. Es el lugar donde se vertían todas las aguas residuales al valle. Toda la basura bajaba allí y se mantenía ardiendo para que no creciera. Eso era lo que siempre había sido.

Pero hace mucho tiempo, en el Antiguo Testamento, ese valle tenía asociaciones muy siniestras. Era en el fondo de ese valle donde el propio pueblo de Dios, Israel, adoraba a una horrible entidad demoníaca pagana llamada Moloc, que exigía sacrificios humanos. Allí abajo, en el fondo de ese valle, ofrecían sus bebés que quemaban vivos para Moloc. Si lee Jeremías, dijo: "Este valle será llamado valle de la desolación". Desde entonces se convirtió en el basurero de la ciudad, un lugar espantoso. También tiene otras asociaciones. Un criminal crucificado nunca era enterrado. Su cuerpo era bajado de la cruz y arrojado al valle de Gehena para que se lo comieran los gusanos y lo picaran los pájaros.

Eso podría haberle pasado a nuestro Señor Jesús si José de Arimatea no se hubiera presentado y hubiera dicho: "Toma mi tumba". Jesús podría haber acabado en Gehena de no ser por José. Uno de los doce discípulos terminó allí. Judas se ahorcó. Puso una cuerda sobre un árbol en la cima del acantilado que domina el valle de Hinón y se arrojó. La cuerda se rompió y su cuerpo cayó y dice, en lenguaje crudo: "Sus entrañas salieron cuando tocó el fondo". Se conoció como el Campo de Sangre. Si le pregunta al guía israelí, le mostrará el campo de sangre en el fondo de ese valle. Ese es el valle del que estamos hablando.

Es el valle donde se tira toda la basura, donde se tira todo lo inútil, donde se tira todo lo sucio para deshacerse de ello. Jesús dijo: "Si quieren una imagen del infierno, solo salga por la puerta sur y miren hacia abajo". Esa es mi idea del infierno. Trae a la luz vívida la expresión "echarse a perder", que no significa dejar de ser. Significa dejar de ser útil. Si tiene una bolsa de agua caliente que se ha echado a perder, ¿ha dejado de ser? No, sigue pareciendo una bolsa de agua caliente. El único problema es que no puede usarla como una bolsa de agua caliente porque se ha echado a perder. Ese es el significado literal de la palabra "perecer" en las escrituras. No significa ser aniquilado. Significa quedar arruinado.

Cuando una mujer derramó ungüento sobre Jesús, Judas Iscariote dijo: "Ese ungüento se ha desperdiciado". Ya no sirve para nada; se ha echado a perder. Se dice del hijo pródigo que se echó a perder, que se arruinó. Esa es la palabra para perdido. Esta es la mayor tragedia que le puede suceder a un ser humano, que una persona hecha a imagen de Dios, hecha para servir los propósitos de Dios, se haya echado a perder de tal manera que Dios diga: "Ya no puedo utilizar a esa persona. Es basura en mi universo". La frase "ir al infierno" no está en las escrituras. La frase que Jesús siempre usaba era: "arrojar al infierno", porque eso es precisamente lo que se hace con la basura, ¿no? Siempre se arroja. Ese es el verbo que siempre se utiliza: "arrojar".

Jesús fue muy cuidadoso al decir que nuestro cuerpo y alma se arruinarían en el infierno; no solo nuestra alma, sino también nuestro cuerpo. Por eso dije: "El infierno es un lugar para gente con cuerpo". Por lo tanto, no es un lugar al que vamos cuando morimos, sino un lugar al que vamos después de la resurrección. Esa era la imagen de Jesús, una imagen de un vertedero de basura para personas que se han echado a perder. Solo para dar una buena noticia, Dios está en el negocio del reciclaje. Eso es lo que significa la salvación.

Demasiada gente cree que ser salvo significa estar seguro. No es así. Se lo mostraré en el próximo capítulo. Significa recatado. Rescatado es el equivalente en español más cercano a salvado y significa tomar basura, reciclarla y hacerla útil de nuevo. Hay una cartita intrigante en el Nuevo Testamento escrita a un hombre llamado Filemón sobre un esclavo llamado Onésimo. ¿Sabe lo que significa Onésimo? Onésimo significa útil. ¿No es asombroso? Ese esclavo llamado Útil se escapó de casa, encontró el camino a Roma donde pensó que podría esconderse, cometió el mayor error de su vida, se encontró con Pablo y se convirtió. Pablo le dijo: "Tienes que volver con tu amo". "Oh, pero él me matará. Me escapé". "No, yo lo conozco. Es cristiano. Escribiré una carta para cubrirte".

Pablo escribió esa hermosa carta y dijo: "Si tomó algo de tu dinero, te lo devolveré. Pero escucha, él realmente ha vuelto a ser útil. Se ha reciclado. Lo encontraste inútil, pero ahora lo encontrarás Onésimo". Un bonito juego de palabras en esa pequeña carta que es una imagen de la redención. Es precisamente lo que Jesús ha hecho con todos nosotros. Nos está devolviendo a Dios y diciendo: "Él es útil de nuevo, Padre. Ella es útil otra vez. Ella no te servía, ella huía de ti, él huía de ti, pero yo los he reciclado". Eso es la salvación, ser reciclado para que la basura no acabe en el vertedero, sino que vuelva a ser útil a Dios. ¡Qué imagen!

Jesús no solo describió el infierno, sino que también nos dio una idea muy clara de cómo sería experimentarlo. Quiero terminar este capítulo diciéndole cinco cosas que él dijo sobre la experiencia del infierno. Primero, dijo, será un lugar de intensa incomodidad física. Por un lado, no habrá luz natural allí, oscuridad total. Podrá tener sus ojos, pero no verá nada, porque no habrá luz en absoluto. Lo llamaba constantemente "las tinieblas de afuera". Dijo que va a ser un lugar muy sediento, donde rogarán por una gota de agua. Eso es porque será un lugar muy caluroso con calor extremo, que es una de las experiencias más desagradables que podemos tener.

También dijo que sería un lugar muy maloliente. El azufre es un elemento en la mayoría de los peores olores que existen. La descomposición, la putrefacción es uno de los peores olores de la tierra. Incomodidad física y un lugar de depresión mental. Es extraño que Jesús dijera que habrá llanto y crujir de dientes porque parecen contradictorios. El llanto es tristeza y el crujir de dientes es ira. ¿Cómo podemos tener tristeza y enojo al mismo tiempo? La respuesta es muy sencilla. Ambas se juntan en la frustración. Cuando sepan las oportunidades que tuvieron y las que perdieron y que nunca podrán volver a tener, hay una mezcla de autocompasión y tristeza y enojo con la persona misma y enojo con Dios. Este extraño llanto y crujir de dientes que Jesús mencionó apunta a esta depresión mental.

Es un lugar de depravación moral. ¿Se imagina tener que vivir para siempre con personas totalmente depravadas, que han perdido toda imagen de Dios, que se comportan como animales, un lugar donde se practican todos los vicios y crímenes, un lugar donde tiene que vivir con todo ello, un lugar de total depravación moral? No hay bondad en absoluto. Ni paciencia, ni bondad, ni amor. Me pregunto si la gente se da cuenta de que cuando elige vivir sin Dios elige al mismo tiempo vivir sin bondad, porque todas las cosas buenas de las que son capaces los seres humanos proceden de Dios. Es una parte de su imagen que aún queda en nosotros y, cuando esa imagen desaparece por completo, esa es la parte que se va. Será un lugar de depravación social.

Puede estar en medio de una gran multitud y sentirse totalmente solo, ¿verdad? ¿Por qué se siente solo entre la multitud? Es cuando siente que nadie se interesa por usted, nadie se preocupa por usted y nadie lo quiere. Puede estar rodeado de miles de personas, pero si nadie se preocupa por usted o lo ama, puede sentirse desesperadamente solo. Creo que todos en el infierno sentirán esa privación social porque, una vez más, solo Dios ha hecho posible el amor, y ni el amor de familia ni la amistad estarán allí. Por lo tanto, finalmente, será un lugar de total desolación espiritual. Allí no habrá oración. ¿Qué sentido tiene orar si no hay Dios que escuche? Allí no habrá adoración. ¿Qué sentido tendría adorar cuando no hay nadie a quien adorar?

Es que lo peor del infierno es tener que vivir sin Dios. La gente dice: "Bueno, eso no es tan malo, yo estoy viviendo sin él ahora". No, no es así. En este mundo, nadie vive sin Dios. Su espíritu todavía está tocando a la gente, todavía suplicando, todavía refrenándolos de ser tan malos como realmente son. Pero cuando Dios quita los frenos, no vamos cuesta arriba, sino cuesta abajo. Vemos lo que pasa cuando Dios quita sus manos cuando miramos Romanos 1. Allí dice que los hombres renunciaron a Dios. ¿Y que hizo Dios? Dios renunció al hombre, y los resultados fueron horribles. Si Dios renunciara a usted totalmente no sería una mejor persona, sino una persona mucho peor de lo que es. Ninguno de nosotros sabe cuánta restricción ha habido en nuestra vida por la influencia de padres o amigos que nos han impedido hacer lo que podríamos haber hecho. A veces descubrimos nuestro verdadero yo cuando las restricciones desaparecen, cuando estamos lejos de casa y nadie sabe dónde estamos. Es entonces cuando descubrimos quiénes somos realmente. Así será el infierno: muerte espiritual. Nadie pensara en cosas espirituales. Eso es lo que elegimos si elegimos vivir sin Dios. No podemos alejarnos de Dios aquí, pero Dios puede alejarse de nosotros en esa tercera fase de nuestra existencia. Hay otras cosas que decir sobre el infierno, pero eso es suficiente por ahora.

CAPÍTULO 5

EL CASTIGO DEL INFIERNO (PARTE 2)

Siguiendo con este sombrío tema, quiero abordar en particular esta pregunta tan seria: ¿cuánto durará el infierno? Es que incluso algunos aniquilacionistas, que creen que nos dirigimos al olvido si somos pecadores, creen que vamos al infierno para sufrir un poco antes de ser aniquilados. Francamente, todo esto significa que la aniquilación es una buena noticia. Tal vez por eso los que creen esto no lo predican, porque tendría un efecto equivocado en la gente. Pero, en realidad, si soy un pecador y he pecado durante setenta u ochenta años, y me he salido con la mía, el olvido es una gran noticia, ¿no? Aunque me envíen al infierno durante un tiempo, la buena noticia es que existe la esperanza de ser aniquilado. Así que, de hecho, la aniquilación es una buena noticia.

Veamos esto. ¿Cuánto tiempo se sufre en el infierno? La respuesta tradicional siempre ha sido "para siempre". Pero esa respuesta está siendo muy cuestionada, debo decir, principalmente por los evangélicos anglicanos en este momento. ¿Qué dice Jesús? Creo que toda la cuestión se está enfocando desde el ángulo equivocado. El ángulo desde el que se discute hoy en día es: "¿Cuánto tiempo sufrirán los seres humanos en el infierno?". Mientras que yo creo que tenemos que enfocar esa pregunta desde otro ángulo. Es que el infierno nunca fue preparado para los seres humanos. Dios nunca quiso que ningún ser humano fuera allí. "Lo preparó", dice Jesús, "para el diablo y todos sus ángeles". No lo preparó para nosotros. En la parábola de las ovejas y las cabras – en realidad no es una parábola, sino una profecía – en esa historia, Jesús dice a las cabras: Apártense de mí, malditos, al fuego eterno preparado para el diablo y sus ángeles". Dios prepara el cielo para nosotros, pero preparó el infierno para el diablo y sus ángeles, a los que llamamos demonios. Eso es aproximadamente un tercio de los ángeles existentes que se han puesto del lado de Satanás y se han rebelado contra Dios, según el capítulo doce del Apocalipsis. Usted puede leer todo el capítulo para encontrar el versículo correspondiente.

¿Por qué entonces Dios tuvo que preparar el infierno para el diablo y sus ángeles? La respuesta es muy sencilla: Jesús dijo: "Los ángeles no pueden morir". Ahora bien, los ángeles son criaturas reales, pero son criaturas; son parte de la creación de Dios. Ellos están más arriba en el orden de la creación que nosotros. Nosotros no somos la cumbre de la creación de Dios, sino los ángeles. Los evolucionistas tienen alguna dificultad con esa concepción porque ¿de dónde vinieron los ángeles? ¿De los monos o de dónde? Ven problemas en ello. Pero nosotros creemos en los ángeles. Son más inteligentes que nosotros; son más fuertes que nosotros; son más flexibles que nosotros; son más rápidos en los desplazamientos que nosotros; son superiores a nosotros en todos los sentidos. En un aspecto, son significativamente superiores: nosotros somos mortales, pero los ángeles son inmortales.

Con esto no quiero decir que siempre hayan existido. Tuvieron un principio como nosotros, pero no tienen fin. No pueden morir, mientras que nosotros sí. Por eso los ángeles no se casan ni se reproducen; son un número fijo. No pueden aumentar ni disminuir. Están ahí y Dios los creó inmortales. Entonces, como un tercio de ellos se rebeló contra Dios y ahora son ángeles malvados, o demonios, como los llamamos nosotros, y no pueden morir, ¿qué hace Dios con ellos? La respuesta es que prepara un lugar donde pueden ser aislados de su universo. Es porque no pueden morir que tuvo que preparar el lugar para encerrarlos y evitar que tuvieran influencia.

Ahora bien, una vez que empezamos ahí nos preguntamos: "Entonces, si son inmortales y están en el infierno, este lugar aislado para siempre, ¿cuál es su experiencia en ese lugar?". La respuesta en la Biblia es clara como el cristal: el diablo y sus ángeles serán atormentados día y noche por los siglos de los siglos. No podría haber una declaración más clara y más fuerte en la Biblia que esa. Son inmortales; están confinados en el infierno y sufren tormento. Esa palabra significa "dolor consciente". No puede significar otra cosa. Día y noche, que significa "sin tregua", por los siglos de los siglos. No hay declaración más fuerte en el idioma griego para siempre jamás. Solo puede significar para siempre jamás. Traducido literalmente, dice: "Hasta los siglos de los siglos". Eso es un tiempo muy largo.

Entonces, ¿qué hacen los aniquilacionistas con esas declaraciones acerca de que el diablo y sus ángeles serán atormentados por los siglos de los siglos? La respuesta es que las ignoran o las descartan, pero no las enfrentan. Hay, sin embargo, algunos que dicen: "De acuerdo, aceptemos que los ángeles sufran en el infierno para siempre, pero los seres humanos no". Pero no hay nada en la Biblia que sugiera que hay alguna diferencia de destino entre el diablo y sus ángeles y los seres humanos que se unen a ellos, ninguna en absoluto. De hecho, tenemos declaraciones claras de que los seres humanos serán atormentados para siempre jamás.

Por ejemplo, en ese versículo donde dice que el diablo será atormentado día y noche por los siglos de los siglos, dice: "Será atormentado con la bestia y el falso profeta por los siglos de los siglos". Esos dos, al menos, son seres humanos. Todos los anticristos son seres humanos y todos los falsos profetas son seres humanos. Así que aquí tenemos al menos dos seres humanos de los que se dice que serán atormentados día y noche por los siglos de los siglos.

Luego se menciona otro grupo mucho más grande: aquellas personas que en ese gobierno final de ese dictador mundial llamado el "anticristo" se someten a tener su número láser transmitido en su cuerpo para que puedan comprar y vender en el supermercado. Ese es un escenario totalmente creíble ahora, ya que la mayoría de nosotros estamos usando números de todos modos en plástico, y ya están hablando de poner números en la mano o la cara con tatuajes o rayos láser para que simplemente vayamos a la caja, pongamos la mano en una máquina y todo nos sea debitado.

Se dice en el libro de Apocalipsis que esa será la forma de comprar y vender en los últimos días. Hará falta mucho valor para negarse a llevar ese número en el cuerpo porque entonces no podrá comprar ni vender. Estará fuera del mercado y no podrá conseguir suficiente comida. Dice de los que aceptan ese número para comprar comida que serán atormentados por los siglos de los siglos, la misma frase: "Por los siglos de los siglos". Cuando Jesús dice a las cabras: "Apártense de mí, malditos, al fuego eterno preparado para el diablo y sus ángeles", el significado más claro y sencillo de ese lenguaje es: "El destino de ustedes es el mismo que el de ellas". Es por esa razón, aunque odio decirlo y desearía no tener que decirlo, que creo que la comprensión tradicional del infierno como tormento eterno es lo que enseña el Nuevo Testamento. Eso lo hace horrible, pero creo que es la verdad. No puedo eludir las claras declaraciones de las escrituras.

Permítame entonces pasar a otra pregunta seria, y probablemente la mayor sorpresa que se llevarán en este capítulo: ¿quiénes van al infierno? ¿Qué tenemos que hacer para "calificar"? Hay dos grupos que mencionan las escrituras. Uno consiste en pecadores despreocupados, aquellos que no escuchan a su conciencia y simplemente hacen lo que quieren. En total, hay 120 pecados enumerados en el Nuevo Testamento que pueden llevar a una persona al infierno. Es un número aterrador. Generalmente están en listas separadas de entre media docena y diez en cada lista. Hay dos listas en las últimas dos páginas de la Biblia. Cuando uno mira esas listas y las pone todas juntas, tiene 120 cosas que los pecadores despreocupados hacen que están en el camino ancho que lleva al infierno. Como puede adivinar, la inmoralidad sexual figura frecuentemente en esas listas, ya sea fornicación, sexo antes del matrimonio, o adulterio, sexo después del matrimonio con una pareja que no es la suya. Aparecen con bastante frecuencia. Lo mismo ocurre con la actividad homosexual. ¿Cómo podemos callarnos cuando sabemos que las cosas pueden llevar a una persona a ese tipo de sufrimiento del que hemos estado hablando?

Pero es un error pensar que la inmoralidad sexual es lo principal en esas listas. Hay muchas otras cosas en esas listas. La idolatría aparece con frecuencia. Ahora bien, podemos decir: "Bueno, eso no me toca, gracias a Dios. Nunca me he inclinado ante un trozo de madera o piedra y lo he adorado". Pero cuando descubrimos que en esas listas la codicia está clasificada como idolatría, tenemos que pensarlo de nuevo. Es interesante que el mandamiento con el que la mayoría de la gente tiene más dificultades es el décimo: "No codiciarás", que en lenguaje sencillo significa: "No serás avaro". Normalmente, son nuestros ojos los que nos llevan a la codicia. Los ciegos no tienen ese mismo problema. La codicia es una de las cosas que nos enseñan a través de nuestra publicidad comercial y de muchas otras maneras. La avaricia, que es idolatría, está en la lista.

También se enumeran injusticias sociales. ¿Alguna vez escuchó decir que el Nuevo Testamento no condena la esclavitud? En realidad, la condena. Si busca la primera carta de Pablo a Timoteo, en el capítulo uno enumera las cosas que pueden llevar a una persona al infierno. Menciona el asesinato de los padres, que es bastante grave, ¿no? Pero enseguida menciona a los traficantes de esclavos. Por cierto, si pensaba que la esclavitud había desaparecido de nuestro mundo, mejor piénselo otra vez. Sigue muy viva. Pero hay pecados mucho más refinados en esa lista de 120. La incredulidad está clasificada como un pecado que puede llevarlo al infierno.

Uno de los pecados más sorprendentes está en la penúltima lista en Apocalipsis 21. Allí dice que los cobardes van al infierno. Allí dice que los cobardes van al lago de fuego. ¿Qué significa cobarde? Significa aquellos que por miedo a la gente no han hecho o dicho lo que sabían que era correcto, aquellos que han sido cobardes a la hora de defender lo que sabían que era correcto. ¿Qué le parece? Por supuesto, están los pecados más sutiles de orgullo y otras cosas. Está claro que hay muchas cosas que pueden llevar a una persona al infierno.

También existe la sorpresa de que las cosas que una persona no ha hecho, que los incrédulos no han hecho, podrían llevarlos allí. Pablo lo dice de aquellos que no conocen a Dios, o aquellos que no obedecen el evangelio. Ahora bien, esos son dos grupos diferentes. Aquellos que no conocen a Dios son aquellos que no han escuchado el evangelio, pero saben por su conciencia y por la creación que hay un Dios ante quien son responsables. Pero los que no obedecen el evangelio son aquellos que lo han escuchado, pero lo han rechazado. Solo Dios sabe quién está en esos dos grupos. Estoy seguro de que, si usted es cristiano, hasta ahora habrá estado de acuerdo con lo que he dicho. Sí, tales cosas ponen a una persona en peligro del infierno; están en el camino ancho que lleva a la destrucción. Pero ahora viene la sorpresa. La Biblia también habla de santos descuidados que están en peligro del infierno. Esto es un verdadero shock. Es que la mayor parte de lo que sabemos sobre el infierno viene de los labios de Jesús. Dentro de los cuatro Evangelios, casi todo lo que se refiere al infierno está en el Evangelio de Mateo. Esto es muy significativo. ¿Por qué hay tan poco sobre el infierno en Lucas, nada en Marcos y casi nada en Juan? ¿Por qué está todo en Mateo de principio a fin? Aquí es donde necesitamos el estudio bíblico que mira los libros como un todo. Hay cuatro Evangelios. Dos de ellos fueron escritos para pecadores y dos, para santos.

El castigo del infierno, parte 2

Dos fueron escritos para incrédulos y dos, para creyentes. ¿Sabe usted cuáles? Juan no fue escrito para incrédulos; es el más inadecuado para dárselo a un incrédulo. Cómo pueden pasar los primeros dieciocho versículos y aun así entenderlo, no lo sé. Solo esperamos que lleguen hasta Juan 3:16 y eso lo justifique. Pero Juan está escrito para creyentes, creyentes maduros. Mateo está escrito para creyentes, pero creyentes inmaduros. Solo Marcos y Lucas están escritos para pecadores. Son los dos Evangelios que debemos utilizar en la evangelización.

Mateo es un manual de discipulado. Mateo no se limita a contar lo que hizo Jesús; recopila la enseñanza de Jesús y reúne toda la enseñanza en cinco grandes bloques, obviamente para dar a entender que Jesús es el nuevo Moisés. Moisés nos dio cinco libros de la Ley y ahora tenemos los cinco libros de Jesús sobre el reino, por así decirlo. El tema es el reino en los cinco. En el primero, que llamamos el "Sermón del Monte", el tema es el estilo de vida del reino. Luego tenemos la misión del reino en el segundo, en el capítulo diez. Luego tenemos el crecimiento del reino en el capítulo trece. Luego tenemos la comunidad del reino en el capítulo dieciocho. Luego tenemos el futuro del reino en los capítulos veinticuatro y veinticinco. Estos cinco bloques de enseñanzas no están dirigidos a pecadores, sino a discípulos.

Es chocante darse cuenta de que Jesús rara vez, o nunca, habló del infierno a los pecadores. Advirtió dos veces a los fariseos sobre el infierno, pero todas las demás advertencias las hizo a discípulos nacidos de nuevo que lo habían recibido, habían creído en su nombre y habían nacido de Dios. Eso es lo que causa extrañeza, porque me temo que este cliché antibíblico, "Una vez salvo, siempre salvo", está en todas partes. Pero aquí tenemos el solemne pensamiento de que Jesús reservó la mayor parte de sus advertencias sobre el infierno para sus propios seguidores, para los que estaban comprometidos con él, para los que creían en él. ¿Se da cuenta de la importancia de esto? Creo que una de las principales razones por las que predicar el infierno cayó en descrédito fue que fue predicado por cristianos que no tenían miedo de él ellos mismos. ¿Entiende lo que digo? Era una especie de: "Ustedes irán al infierno; yo no. Yo voy al cielo". Ese tipo de predicación es arrogante y ofensiva en extremo. Creo que nadie está dispuesto a predicar sobre el infierno si no teme que, por haber predicado a otros, él mismo sea echado en él. Son los creyentes los que necesitan pensar en el infierno. Son los discípulos de Cristo los que más necesitan este mensaje. Lo he explicado con todo detalle en mi libro El camino al infierno. Por eso será tan chocante, porque este país está lleno de cristianos que piensan: "No corro peligro de acabar allí".

Por lo tanto, tenemos que preguntarnos ¿qué tipo de cosas podrían llevar a un discípulo de Jesús al infierno? Aquí la sorpresa es que, mientras que con los pecadores despreocupados el énfasis está en lo que hacen y un poco en lo que no hacen, con los santos despreocupados el énfasis está más en lo que no hacen. Ahora bien, si estudia el Sermón del Monte, verá que es una enseñanza para cristianos. No es para pecadores; no es para incrédulos. Es casi imposible para los creyentes, mucho más para los incrédulos. Es para los hijos del Reino.

Nos dice que en el reino no debe haber ira, ni lujuria, ni preocupación. Por eso nunca vemos a un cristiano preocupado. Lo habrá notado. ¿Por qué nos reímos de eso? ¿Por qué lo tomamos a broma? Jesús dijo: "En mi reino los hijos no se preocupan porque eso es una calumnia a su Padre que está en los cielos". Está diciendo: "Mi Padre se preocupa más de su jardín y de sus animales domésticos que de sus hijos. Él alimenta a las aves del cielo, viste a las flores del campo, pero yo solo soy su hijo. Tengo que preocuparme". Eso es difamación. Cuando leemos el Sermón del Monte, es una descripción de cómo Jesús espera que vivan sus discípulos. Que digan "sí" cuando quieren decir "sí" y "no" cuando quieren decir "no", que no se divorcien y se vuelvan a casar, que no devuelvan mal por mal.

Sin embargo, en el Sermón del Monte hay al menos cinco

advertencias sobre el infierno. Tengo muchos libros en mi estantería que exponen el Sermón del Monte. Ninguno de ellos menciona que un discípulo está en peligro de ir al infierno. Sin embargo, Jesús dice: "Si llamas necio a alguien, corres peligro de ir al infierno. Si miras a una mujer con lujuria te diriges hacia allí". Cuando terminó esta enseñanza para sus discípulos dijo: "Ahora, hay dos caminos que pueden transitar. Hay un camino ancho que lleva a la destrucción y hay un camino estrecho que lleva a la vida", y se estaba dirigiendo a sus propios seguidores. Esto es muy importante. Luego, cuando llegamos a Mateo 25, que está enteramente dirigido a los doce en el Sermón del Monte, habla de las vírgenes cuyas lámparas se quedaron sin aceite, del hombre que enterró su talento y de los que no lo visitaron cuando estaba en la cárcel, ni lo vistieron cuando estaba desnudo. Todas cosas no hechas, ¿se da cuenta? Todas cosas desatendidas. Eso es todo. No cosas malas. No crímenes. No vicios. Solo cosas no hechas que deberían haber sido hechas.

No puedo eludir esta enseñanza directa. Lo que Jesús está diciendo es lo siguiente: se necesitan dos cosas para escapar del infierno; una es perdón y la otra, santidad. Uno de los ejemplos más claros de esta enseñanza es del Evangelio de Lucas, en el que Jesús cuenta la historia de una fiesta a la que la gente estaba invitada, pero ponían excusas. Uno dijo: "He comprado unos bueyes y tengo que probarlos". Otro dijo: "Me he casado". Otro dijo: "He comprado un campo y debo ir a inspeccionarlo". Y no vinieron. Entonces, el anfitrión del banquete se enfadó y dijo: "Salgan a los caminos y carreteras. Digan a cualquiera que venga. Mi casa estará llena". Es una historia maravillosa para predicar el evangelio. "Ven y toma tu lugar. Hay un lugar para ti en la mesa".

Es en el Evangelio de Lucas donde se encuentra esa historia para pecadores. Cuando leemos la misma historia en Mateo, hay un giro sutil. La historia termina con todos aceptando la invitación, pero un hombre se presenta sin traje de boda. No se molesta en cambiarse de ropa. El final de la historia es que ese hombre acaba en las tinieblas exteriores con llanto y crujir de dientes. Mateo está dirigido a creyentes. A los no creyentes el mensaje es: "Vengan, hay sitio para ustedes en la fiesta". A los creyentes el mensaje es: "Vengan con la ropa adecuada. Cámbiense la ropa sucia. Vístanse con la justicia que hay para ustedes". Los que no se cambian de ropa son al final rechazados de la fiesta.

Recuerdo que leí El progreso del peregrino, de John Bunyan, y me impresionó mucho una frase justo al final, en la que el peregrino llega al río Jordán, el río negro de la muerte, y su compañero tiene miedo de ese río. Se da la vuelta y dice: "Voy a intentar encontrar otro camino para cruzar", y se va por un sendero lateral. John Bunyan escribe: "Así vi en mi sueño que hay un camino al infierno incluso desde las puertas del cielo". Ahora creo, y lo digo de corazón, que la iglesia de hoy necesita este mensaje más que nunca. ¿Por qué debería el Señor enviar tal mensaje de arrepentimiento a los cristianos de hoy? Es algo extraordinario. Es un mensaje que debería ir a los pecadores. ¿Por qué va a la iglesia? Creo que porque hemos olvidado que estamos en peligro.

Tomemos la advertencia más clara que Jesús jamás haya dado. Dijo: "No teman a los que matan el cuerpo, pero no pueden matar el alma. Teman más bien al que puede destruir alma y cuerpo en el infierno". ¿A quiénes se dirigía? ¿A los pecadores? No. ¿A los fariseos? No. Hablaba a los doce apóstoles cuando los enviaba a ser misioneros. No les dijo que hablaran a otros del infierno. Les dijo: "Teman al infierno. Mientras salen a proclamar el reino, a resucitar muertos, a limpiar leprosos, a expulsar demonios, a curar enfermos y a proclamar que el reino ha llegado, teman el infierno". Creo que uno de los factores que faltan en gran parte de la adoración de hoy es el temor de Dios. ¿Lo notó? Hay mucha familiaridad con Dios, pero no tanto temor de Dios. Creo que una de las razones es que los creyentes ya no temen al infierno, porque ambos están estrechamente ligados. Teman a aquel que puede destruir el cuerpo y el alma en el infierno. Es un mensaje aleccionador, pero creo que muy necesario.

Todos los escritores del Nuevo Testamento nos advierten del peligro de perder lo que hemos encontrado en Cristo. Yo tomo esas advertencias muy en serio. Cuando Jesús dijo: "Permanezcan en mí. Yo soy la vid verdadera; ustedes son las ramas", dijo: "Las ramas que no permanecen en mí, que no moran en mí, son cortadas y quemadas". Lo tomo al pie de la letra. Pablo dijo: "Ustedes también serán cortados como los judíos, ustedes también serán cortados, si no permanecen en la bondad de Dios". Esto no es salvación por obras; es salvación por fe continua, porque el perdón viene por fe y la santidad viene por fe, pero ambas necesitan ser apropiadas. Dios nos ofrece todo lo que necesitamos para estar preparados para el cielo. Pero hay demasiados que han aceptado la invitación a la fiesta que no se están cambiando de ropa. Este es el mensaje que les traigo del Evangelio de Mateo.

Ahora, una buena noticia. No hay ninguna razón para que ninguno de nosotros acabe en el infierno. ¿Sabe por qué? En primer lugar, tenemos el afecto del Padre de nuestra parte. Dios nos ama. No quiere que nadie acabe como basura inútil en nuestro universo. Ha hecho todo lo posible para salvarnos de eso. ¿Qué más podría haber hecho? Nunca preparó el infierno para nosotros. Preparó el infierno para esos ángeles, no para nosotros. A Dios no le gusta deshacerse de nadie. Siente dolor cuando tiene que hacerlo. La imagen de un Dios rencoroso que se venga de los pecadores arrojándolos al lago de fuego es una calumnia contra Dios. Él no se complace en la muerte de los malvados, en absoluto. Debe causarle inmenso dolor que alguien hecho a su imagen tenga que ser desechado.

Nosotros también tenemos la expiación de Jesús con nosotros. ¿Sabe que Jesús descendió a los infiernos no después de morir, sino antes? Descendió a los infiernos durante tres horas, desde el mediodía hasta las tres. En esa cruz, Jesús estuvo en el infierno. ¿Cómo lo sé? Pues, muy sencillo. La oscuridad era total, no había luz natural, no se veía nada. Fue entonces cuando gritó: "Tengo sed. Tengo sed". Sobre todo, fue entonces cuando gritó: "Elohim, Elohim, ¿lama sabachtani?". ("Dios mío, Dios mío, ¿por qué me has abandonado?"). Eso es el infierno. Jesús pasó por el infierno para que usted nunca tenga que ir allí. Lo hizo para salvarlo de él.

La tercera cosa que está de su lado es la asistencia del Espíritu Santo. Usted dice: "Bueno, yo nunca podré ser santo. Nunca podré ser lo suficientemente bueno para el cielo". Sí, puede, porque Dios le dio poder sobrenatural. Si hay algo que un cristiano nunca debe decir es: "No puedo evitarlo". Hay una pequeña palabra en Tito que dice esto: "Él nos ha dado la gracia de decir no", un versículo muy sencillo. Mire, Dios lo ama; Jesús murió por usted; el Espíritu está disponible para usted. No solo puede ser perdonado, sino puede ser preparado para el cielo. Fue Charles Wesley quien escribió un famoso himno que tiene un verso que dice: "Una carga que guardar tengo, un Dios que glorificar, un alma que nunca muere que salvar, y prepararla para el cielo". Esa última línea es tan importante como las otras tres. No estamos llamados a conseguir que la gente tome decisiones; estamos llamados a hacer discípulos y a enseñarles a vivir de la manera que Jesús enseñó. Es un trabajo largo. No se puede hacer en cinco minutos al final de una reunión. Es el trabajo de toda una vida. Pero eso es lo que Jesús dice en el Evangelio de Mateo. Busque toda su enseñanza sobre el infierno y encontrará que casi toda ella no fue dada a pecadores, sino a aquellos que lo habían dejado todo, lo habían seguido y estaban comprometidos con él.

Espero que esto lo haya tranquilizado. Sé que ha suscitado muchas preguntas. Vaya y busque en las escrituras. No acepte nada de lo que digo a menos que pueda encontrarlo allí. Pero busque cada advertencia que dio Jesús y pregunte: "¿A quiénes estaba hablando en ese momento? ¿A quiénes estaba advirtiendo?". Pero luego tampoco se deje llevar por ese pánico, o esa depresión, que hace que una persona se levante cada mañana y diga: "¿Soy salvo o no lo soy?". Puede tener la seguridad de que va camino del cielo. Pero esa seguridad no viene de una decisión que tomó hace veinte años; viene de una relación personal que tiene ahora. Dice la Biblia: "El Espíritu mismo sigue testificando con tu espíritu". Cuando se levanta por la mañana puede estar seguro de que está en el camino. Si está caminando con el Señor y con el Espíritu, tendrá una seguridad en su corazón de que se dirige al cielo. No es una garantía de que llegará, es una seguridad de que está en camino.

Una de las primeras cosas que nos ocurren cuando pecamos es que perdemos nuestra seguridad. Cuando nos salimos del Camino, cuando nos salimos de la relación. Permanezca en esa relación y podrá caminar en esa seguridad diaria y podrá decir: "Estoy en el camino". Es que la salvación, en las escrituras, es un camino. No es una cosa instantánea. Cualquiera que se arrepiente ha puesto un pie en el camino, está caminando en el camino, y estamos en el camino a la gloria. El Espíritu quiere darnos esa seguridad del amor de Dios que quiere que lo logremos, que está de nuestro lado. No hay nada más que pueda separarlo de su amor; nada sino usted. Pero, si continúa en su amor, como dice Pablo, no será cortado. El hecho de que dos millones y medio salieran de Egipto y solo dos llegaran a Canaán es utilizado por tres escritores diferentes del Nuevo Testamento como advertencia para los creyentes. No quiere salvarnos solo de; quiere salvarnos para. Quiere llevarnos al cielo y quiere prepararnos para el cielo para que, cuando lleguemos a él, sean los santos los que entren marchando.

Eso es probablemente lo más serio, y probablemente sea una sorpresa para usted. Tal vez no esperaba escuchar eso. Pensaba que le iba a decir que todos esos pecadores de ahí fuera se dirigen al infierno y que corren un gran peligro. Lo están, y es una motivación para nosotros ir y rescatarlos mientras podamos.

Pero una vez dicho esto, mantenga el temor en tu propio corazón, no sea que después de haberles predicado, usted mismo seas expulsado.

Así que el infierno es un tema serio y tiene un profundo efecto en los cristianos. Afecta a nuestra adoración. Creo que afectará nuestra adoración de dos maneras. En primer lugar, nos llevará a una gratitud más profunda hacia Dios por lo que ha hecho por nosotros. Cuando tome el pan y el vino en la Comunión, se sentirá muy agradecido. Querrá decir: "Gracias, gracias, gracias" En griego, diría: "Eucharisteo, eucharisteo, eucharisteo". Eso es lo que significa "eucharisteo"; es un agradecimiento porque él pasó por el infierno para que yo no tuviera que ir allí. Producirá gratitud, pero también reverencia, y el temor a Dios será restaurado en la iglesia. Eso no solo se evidenciará en la adoración, sino también en la santidad. Porque cuando uno no tiene miedo de que el pecado le hará perder lo que tiene, no lo tomará tan en serio.

Sería totalmente injusto de parte de Dios enviar a un incrédulo al infierno por adulterio pero cerrar los ojos cuando un creyente persiste en ello, ¿no es así? Sin embargo, muchos dicen: "Estoy bien". Están diciendo: "Ella puede ser una prostituta, puede estar en drogas, pero alabado sea el Señor, cuando ella tenía nueve años, tomó la gran decisión". Esa forma de hablar es una locura. El Nuevo Testamento dice: "Sigan la santidad, sin la cual nadie verá al Señor". Tendrá un efecto en nuestra evangelización. No solo estamos tratando de traer a la gente un poco de felicidad; no solo estamos tratando de darles una solución a sus problemas diarios. Estamos rescatándolos del infierno. Eso es la evangelización: rescatar a la gente de una eternidad inútil y sin Dios. Eso es lo que buscamos. No solo estamos tratando de hacerles un favor, o añadir un poco de dimensión agradable a su vida. "Deberías venir a la iglesia. Somos muy cálidos allí, es muy amigable, lo disfrutarías". Eso no es lo que buscamos. No queremos que la gente entre en un club religioso. Estamos arrebatando a gente del fuego. Esa siempre ha sido una motivación importante en el trabajo misionero. Nos afectará de muchas maneras.

Por último, a quienes temen el infierno les resulta mucho más fácil afrontar el martirio. Cuando Jesús dijo: "No teman a los que matan el cuerpo, pero no pueden matar el alma. Teman más bien al que puede destruir alma y cuerpo en el infierno", estaba diciendo que la cura para el temor al hombre es el temor a Dios. La cura para los pequeños temores es el gran temor. Eso es verdad. Perdemos nuestros pequeños temores cuando tenemos un gran temor. El gran temor es el temor de terminar allí. Cuando tenemos más miedo de eso que de cualquier otra cosa, podemos enfrentar cualquier cosa o cualquiera. Los que temen a Dios no temen a nadie ni a nada más. Pienso en uno de los primeros mártires, Policarpo de Esmirna. Lo amenazaron con quemarlo vivo en una plancha de hierro al rojo vivo. Policarpo dijo: "Ustedes me amenazan con el fuego que mata el cuerpo; yo temo el fuego que me destruye para siempre". Y fue a su muerte.

Infunde valor a los cristianos. Si teme a Dios se curan sus otros miedos. Entonces no necesita terapia para todos los demás temores. Podemos temer al Señor. Hay tanto sobre el temor de Dios en el Nuevo Testamento como en el Antiguo. Es vida cristiana empoderada. Porque nuestro Dios es fuego consumidor. Por lo tanto, acerquémonos a él con reverencia y temor mientras lo adoramos.

Ya basta de hablar del infierno; quiero llevarlo al cielo. En el próximo capítulo buscaremos la gloria. Amén.

CAPÍTULO 6

LA RECOMPENSA DEL CIELO

La existencia del infierno ha sido atacada por muchas razones, incluso entre creyentes, pero nadie discute sobre el cielo. ¿No es interesante? Solemos discutir sobre las cosas que no nos gustan, y no queremos discutir sobre las cosas que nos gustan. Sin embargo, los no creyentes sí discuten sobre el cielo y nos critican por creer en él. Hay dos críticas en particular. Algunos incrédulos nos acusan de un engaño inofensivo. Dicen que es un producto de la imaginación humana, una compensación por una vida difícil aquí. Es como el cuento de hadas de un niño, con su puerta nacarada y sus calles doradas: poco creíble. Por, eso, igual que hay chistes sobre el infierno, también los hay sobre el cielo, que suelen incluir al apóstol Pedro.

Incluso algunos judíos solían hacer bromas al respecto. Los saduceos no creían en el cielo. Una vez vinieron a Jesús y le dijeron: "A una mujer se le murió el marido. Luego se casó con ella su hermano, y en total tuvo siete maridos. Ahora qué lío va a ser en el cielo. En la resurrección, ¿de quién será esposa?". Se rieron entre ellos. Jesús les dijo: "No conocen las escrituras ni conocen el poder de Dios". Y les dijo: "En el cielo, ni estarán casados" [eso es para los hombres], "ni serán dados en matrimonio" [eso es para las mujeres], "sino que serán como los ángeles que no pueden morir". Por cierto, fue ahí donde dijo: "Los ángeles no pueden morir".

Otros nos han acusado de ser culpables de una distracción peligrosa, no solo de un delirio inofensivo. Dicen que esto es escapismo de la vida real; esto hace que la gente se contente con las malas condiciones de aquí, y a menudo se citan los negro spirituals. ¿Recuerda la canción que cantaban los esclavos: "Yo tengo zapatos; tú tienes zapatos; cuando llegue al cielo, me pondré mis zapatos, caminaré por todo el cielo de Dios"? Los reformadores decían: "Esto es mantener felices a los esclavos sin zapatos, enseñándoles sobre el cielo". Fue, de hecho, Charles Kingsley, el autor de Tom and the Water Babies, quien llamó a esas esperanzas de cielo, aunque era un clérigo anglicano, "el opiáceo del pueblo". Karl Marx recogió esa frase y la cambió por "el opio del pueblo", pero dijo que el cristianismo es opio; es una droga solo para mantener a la gente feliz en las malas condiciones sociales aquí y ahora.

El mundo criticó a la iglesia por hablar demasiado del cielo. Me temo que el resultado fue que la iglesia escuchó al mundo y permitió que el mundo estableciera su agenda. Ahora la iglesia habla muy poco del cielo. ¿Se ha dado cuenta de que se escriben muy pocas canciones sobre el cielo, y mucho menos himnos sobre el infierno, como los que solíamos cantar? Hemos caído en la crítica del mundo y hemos pasado de pensar demasiado en el futuro a pensar demasiado poco. Tendremos que recuperar el rumbo y lograr un equilibrio con la Palabra de Dios.

Quiero abordar el tema del cielo. Ahora bien, la palabra "cielo" en las escrituras es una palabra muy flexible. Se usa, por ejemplo, para el aire por el que vuelan los pájaros; los pájaros vuelan en el cielo. Subiendo un poco más, se usa para el lugar donde están las nubes; se usa para más allá de eso, el cielo azul. De hecho, los hebreos pensaban en el cielo casi como en capas, y hablaban del tercer cielo y del séptimo cielo. Pablo dijo una vez que conoció a un hombre (presumiblemente él mismo) que tuvo una experiencia de estar incorpóreo, una posible experiencia extracorpórea en la que su espíritu fue y visitó el tercer cielo. Vio cosas tan maravillosas que Dios tuvo que clavarle una espina para que se mantuviera humilde. El cielo significa muchas cosas en las escrituras, pero el cielo más alto es la dirección de Dios. Cuando hablamos con Dios, hablamos con Dios en el cielo.

Una clave para entender el cielo en la Biblia es estudiar la relación entre el cielo y la tierra, no tanto en términos espaciales, sino en términos espirituales. Al principio de la Biblia, antes de que el pecado entrara en nuestro mundo, el cielo y la tierra estaban muy cerca, tanto que Dios podía pasear por aquí, y Adán oía el sonido de Dios caminando por el jardín al atardecer. Pero en cuanto leemos sobre la entrada del pecado, tenemos la sensación de que el cielo se retiró, de que se abrió un gran abismo entre la tierra y el cielo, de modo que Dios en el cielo está muy lejos. De hecho, si quiere que lo oiga tendrá que invocar el nombre del Señor. Tendrá que adorar con un fuerte grito, para que él pueda oír. ¿Tiene esa impresión en el Antiguo Testamento?

Un ejemplo típico es el sueño de Jacob en Betel, en el que vio una enorme escalera que se extendía desde la tierra hasta el cielo. Vio ángeles que subían y bajaban. Esto también es una pista. ¿Por qué hay tantos más ángeles en el Antiguo Testamento que en el Nuevo? No es solo porque abarca un periodo de tiempo mayor. Hay una razón profunda. Dios está muy arriba en el cielo. Nosotros estamos aquí abajo, en la tierra. ¿Cómo nos comunicamos entre nosotros? La respuesta es a través de los ángeles. Ellos son los mensajeros de Dios que bajan con mensajes para nosotros y que ascienden con mensajes para él. Así pues, a lo largo de todo el Antiguo Testamento se tiene la tremenda sensación de que existe un abismo entre el cielo y la tierra, una gran distancia hasta el cielo más alto donde vive Dios.

Pero en cuanto Jesús viene a la tierra, el abismo se cierra; es sorprendente. Quiero fijarme en una de las cosas interesantes que dijo Jesús en el capítulo tres de Juan. Por cierto, todo el mundo conoce el versículo dieciséis, pero pocos conocen el catorce o el doce, que son igual de importantes. aquí está uno de esos versículos. Jesús dijo: "Nadie subió al cielo, sino el que descendió del cielo; el Hijo del Hombre, que está en el cielo".

¿Notó esa última frase? En otras palabras, cuando Jesús vino, no dejó el cielo, lo trajo consigo. El cielo estaba ahora de nuevo en contacto con la tierra. El reino de los cielos estaba cerca, y estar "cerca" es estar a nuestro alcance. Así que el reino de los cielos ya está aquí. El cielo estaba tocando la tierra de nuevo cuando Jesús vino. La brecha se está cerrando de nuevo. El cielo es muy real y está muy cerca. Jesús aún vivía en el cielo mientras estaba en la tierra. "Nadie subió al cielo, sino el que descendió del cielo; el Hijo del Hombre, que está en el cielo".

El otro versículo en Juan 3 es este: Jesús dice: "Si les he hablado de las cosas terrenales, y no creen, ¿entonces cómo van a creer si les hablo de las celestiales?". Si la gente no cree lo que Jesús dice sobre esta vida, ¿cómo van a creer lo que dice sobre la otra? Él es la única fuente fiable de información que tenemos sobre el otro mundo, porque es el único que ha estado allí y ha vuelto para contárnoslo.

Hablemos ahora del cielo. Al final de la Biblia, tenemos un cielo nuevo y una tierra nueva. Esto es muy importante, porque la mayoría de la gente piensa que ir al cielo es ir a otro lugar, pero Dios tiene un futuro para esta tierra. Habrá una tierra nueva. Me pregunto cuándo fue la última vez que escuchó a un predicador hablarle de la tierra nueva. Me encanta hablar de ello. Yo estaba en Sídney, Australia, a unos ocho kilómetros de Bondi Beach, y dije: "En la nueva tierra, no habrá sol, ni mar, ni sexo". Sus rostros quedaron demudados. Parecía como si quisieran abandonar la reunión inmediatamente y volver a Bondi Beach para disfrutar de las tres cosas mientras pudieran. Les diré algo más. Aunque ninguna de esas tres cosas estará allí en la tierra nueva, ni siquiera las echarán de menos. Será maravilloso, pero será diferente. Es que Dios no solo quiere redimir a los hombres y mujeres, quiere redimir a toda la creación. Quiere hacer nuevas todas las cosas, y no solo a todas las personas, porque este pobre viejo planeta ha sido muy explotado y contaminado. El humanista piensa que este es el único planeta Tierra en el que la humanidad tendrá que vivir. Por eso tienen pánico. Por eso el movimiento verde está en peligro de convertirse en una religión, propiciando a la Madre Tierra y remontándose a los cultos de fertilidad de Baal. Recuerde mis palabras. Ahora bien, los cristianos estamos preocupados por el medio ambiente, pero no tenemos pánico, porque sabemos que el mismo Dios que hizo ésta va a hacer una nueva tierra. Habrá una nueva ciudad; una grande.

En mi tiempo libre me dedico un poco a la arquitectura, sobre todo para diseñar edificios que no parezcan iglesias, sino hogares para el pueblo de Dios. Me interesa la arquitectura. Uno de los problemas a los que se enfrentan los arquitectos es el siguiente: cómo planificar un gran edificio o una gran ciudad y, sin embargo, mantener la escala humana. He estudiado muchas ciudades "nuevas", como Brasilia y Canberra. Es interesante que en ambos casos hayan represado un arroyo para crear agua en medio de la ciudad. Eso es a imitación de la Nueva Jerusalén, pero en ninguna de esas ciudades antes nuevas he visto esta escala humana.

Estoy impaciente por ver la arquitectura de la Nueva Jerusalén. Cómo puede Dios construir una ciudad tan grande y, sin embargo, mantenerla como un pueblo, mantenerla humana, mantenerla en proporción. ¿Se da cuenta de cómo será el tamaño de esa ciudad, la ciudad cuyo constructor y hacedor es Dios, la ciudad que Abraham estaba buscando? Cabría dentro de la luna si la luna fuera hueca. Cubriría aproximadamente dos tercios del continente europeo. Es cerca de dos mil cuatrocientos kilómetros en cada sentido, en tres sentidos, así que o va a ser una pirámide o un cubo. Pero no sé cómo Dios planeará eso; simplemente no puedo esperar para verlo. Será la ciudad más perfecta. En cuanto la vea, dirá: "Ojalá pudiera vivir allí para siempre". Dios dirá: "Hay una habitación marcada para ti".

Ahora quiero demostrarle que la Biblia está inspirada por Dios y que solo pudo ser escrita por Dios utilizando autores humanos. Aprendí algo en uno de los libros más interesantes que tengo. No sé si saben lo que es la luz polarizada. La luz normal rebota en nosotros desde todo tipo de direcciones. Se refleja en nosotros, así que la luz normal, las líneas de luz van en todas direcciones. La luz polarizada va en línea recta. Si tiene unas gafas de sol con cristales polarizados, solo dejan pasar la luz recta y toda la luz rebotada queda cortada. Ahora bien, si tienes dos gafas de sol polarizadas y las giras en ángulo recto, obtienes luz polarizada cruzada, una luz muy pura.

Ahora tomemos todas las piedras preciosas que algunas señoras llevan en sus anillos y en sus orejas. Tengo una sorpresa para ustedes. Si tomamos un trozo muy fino de una piedra preciosa, una joya, y lo miramos a través de luz polarizada cruzada, dos lentes de sol en ángulo recto, una de dos cosas sucederá. O bien la piedra se tiñe de todos los colores del arco iris, pero con un patrón único, o bien se vuelve negra y no tiene color alguno. ¿No le gustaría saber cuál es cuál? Algunas mujeres se enfadarán mucho con sus maridos. Por ejemplo, los diamantes se vuelven negros a plena luz, los rubíes se vuelven negros a plena luz. Los granates son negros a plena luz, pero otras piedras tienen todos los colores del arco iris. Tengo un libro de un científico con muchas de las piedras que tienen todos los colores del arco iris, pero con diferentes patrones. Sin embargo, en la Nueva Jerusalén, las únicas piedras preciosas que Dios utiliza son las piedras que tienen todos los colores del arco iris en la luz pura y no se utiliza ninguna de las otras. No hay manera de que el apóstol Juan pudiera haber sabido eso cuando escribió el libro de Apocalipsis, porque fue solo hace unas décadas que encontramos la luz polarizada y hemos sido capaces de descubrir esto. ¿Cómo pudo entonces saberlo el apóstol Juan? ¿Se imagina cómo será la Nueva Jerusalén?

Hay otro punto de interés: la forma de las piedras. La forma cristalina de las piedras preciosas es diferente. Todas las piedras que se utilizan en la Nueva Jerusalén son angulosas y encajan fácilmente en un edificio, mientras que la forma cristalina de muchas otras piedras es más parecida a un mármol redondo y muy difícil de construir con ellas. Dios no ha utilizado ninguna de ellas en la Nueva Jerusalén. ¿Cómo podía Juan saber esto? Solo Dios lo sabía, y vuelvo a mencionar esto para subrayar que ahora no estamos hablando de cuentos de hadas. Estamos hablando de algo muy real. Para mí, eso es una prueba de que la Biblia está inspirada por el Espíritu Santo de Dios, porque nadie más que Dios, hasta los tiempos modernos, podría haberlo sabido.

¿Cómo será la vida en esa ciudad? Habrá árboles frutales con una nueva cosecha cada mes. La fruta será obviamente una parte importante de la dieta. Hay un árbol que reaparece en esa ciudad y que ha estado ausente de todas las páginas de la Biblia desde el principio. Ese es el árbol de la vida, el árbol que nos dará todos los minerales, todos los carbohidratos, todas las proteínas y todas las vitaminas que necesitamos para seguir viviendo, porque no hay razón para que nuestros cuerpos se desgasten. Son máquinas eficacísimas y pueden reproducirse. Cambiamos de piel cada seis semanas. La mayor parte del polvo de su habitación es su piel. En teoría, su cuerpo debería poder seguir renovándose, pero en la práctica empieza a agotarse, y ningún científico sabe por qué. La única razón por la que mi cuerpo muere y se pudre es porque perteneció a un pecador podrido. Dios no dejaría que mi cuerpo viera la corrupción si hubiera sido santo toda mi vida.

¿Cómo será la vida allí? Quiero darle catorce puntos: siete negativos y siete positivos. Siete es el número perfecto, así que es bueno para el cielo. En primer lugar, ¿cómo no será la vida en el cielo, en la Nueva Jerusalén, en esta metrópoli? Por cierto, las puertas estarán siempre abiertas, así que podrá explorar libremente todo el universo. Podrá ir al espacio tan libremente como Jesús ascendió y podrá ir de vacaciones a Marte, ir a cualquier parte. Será un universo maravilloso para explorar.

En el lado negativo, ¿qué no habrá? Ya lo he dicho: no habrá sexo. Ahora bien, es importante darse cuenta de que el matrimonio es para toda la vida. No sobrevive a la tumba. Es

"Hasta que la muerte nos separe". Si se vuelven a encontrar, lo harán como hermano y hermana, no como marido y mujer. Es un error animar a la gente a pensar que su matrimonio se renovará más allá de la tumba. Los mormones enseñan eso. Puede estar casado por toda la eternidad si se casa en uno de sus templos, pero creo que Jesús tenía razón cuando dijo: "No estarán casados ni serán dados en matrimonio". Por eso, si la muerte interviene en un matrimonio, la pareja es perfectamente libre de casarse con otra persona. De hecho, podría ser un homenaje a su primer matrimonio si lo hacen. Algunas personas se inhiben a este respecto. No es necesario. No hay sexo; por lo tanto, las relaciones de sangre se terminan en lo que respecta a la sangre humana. Allí pertenecerá a otra familia.

En segundo lugar, no habrá sufrimiento allí: ni hospitales, ni sanatorios, ni cementerios, ni dolor, ni minusvalías, ni deformidades. Puede que haya cicatrices, que serán insignias de honor. Creo que Jesús tendrá sus huellas de clavos y Pablo tendrá un cuerpo con más cicatrices que nadie probablemente, pero son cicatrices que llevó con orgullo y honor. Había sufrido por Jesús, pero minusvalías, no; dolor, no; sufrimiento, no; separación, no.

¿No está la vida llena de despedidas? Paso mucho tiempo en las salas de espera de aeropuertos y me encanta observar a la gente. A veces se abalanzan unos hacia otros con los brazos extendidos y parecen fundirse en uno solo; otras veces los veo alejarse con pena y desgano. Vemos tantas despedidas. En el cielo no habrá despedidas.

Probablemente por eso ya no hay mar, porque el mar separa a la gente. El mar para los judíos siempre era una barrera que los separaba de los demás. No habrá tal cosa, no habrá distancia. No habrá dolor; creo que una de las frases más hermosas de la Biblia – se repite dos veces al final de la Biblia – es la que dice: "Dios enjugará toda lágrima de sus ojos". ¿Alguna vez escuchó a un padre o madres decir: "No llores; no hay necesidad de llorar más, todo ha terminado"? Dios enjugará toda lágrima;

ninguna pena más. No habrá sombras; no habrá oscuridad; no habrá noche, sino solo luz pura por todas partes; veinticuatro horas; no habrá farolas en la Nueva Jerusalén; solo luz pura. No habrá santuarios; no habrá templos; no habrá catedrales; no habrá iglesias. ¡Aleluya por eso! Son un lastre, ¿verdad? Cuesta muchos millones cada año reparar las catedrales, pero no verá ninguna aguja en la Nueva Jerusalén, porque Dios estará allí. No habrá necesidad de ningún recordatorio que señale al cielo.

No habrá pecado, ni orgullo, ni codicia, ni lujuria, ni mentiras; nada que la ensucie o la estropee y, por tanto, ninguna tentación. ¿Se lo imagina? Es todo suyo. Puede disfrutar de todo. No habrá nada prohibido. No vuelve a aparecer el árbol de la ciencia del bien y del mal; solo el árbol de la vida. Sin tentaciones. ¡Qué alivio! No más maldición; solo bendición; ese es el lado negativo. Eso es bastante bueno, pero ahora escuche el lado positivo.

En primer lugar, habrá descanso. No significa sentarse en un sillón sin hacer nada. La gente piensa que el cielo es un montón de sillones con la frase RIP bordada. No es ese tipo de descanso, porque, en realidad, ese no es el descanso que le gustaría. No le gustaría no hacer nada. El descanso consiste en hacer algo que nos guste, que nos estimule, que nos deje más frescos después de haberlo hecho. Ese es el tipo de descanso que habrá. Trabajar día y noche, dice; servirle día y noche, turnos de veinticuatro horas todos los días y, sin embargo, no cansarse nunca. No puedo imaginarlo, ¿y usted?

Será un lugar de recompensa. Algunas personas piensan que las recompensas son inmorales, que no se debería necesitar el incentivo de una recompensa. Yo no lo creo, porque Jesús ofreció recompensa. Dijo: "Grande es tu recompensa en el cielo". Eso sí, es aleccionador. Cuando solía ir detrás de la Cortina de Hierro o cuando iba detrás de la Cortina de Bambú, pensaba: "Cuánta mayor recompensa obtendrá esta gente que nosotros en Occidente. Nosotros solo jugamos. Nosotros jugamos a la iglesia, pero para ellos, ¡qué recompensa!". Habrá grandes diferencias en el cielo. No será una gigantesca república socialista igualitaria en la que todos reciban lo mismo. Algunas personas recibirán una gran recompensa; otras, una pequeña recompensa.

Esto me lleva al tercer punto: responsabilidad. Habrá puestos de trabajo; no predicadores, ni evangelistas, ni misioneros, sino personas que cuiden del universo de Dios; personas que sean creativas en el arte y la música. "Vendrán a ella los tesoros de las naciones", dice, y qué riquezas. Si va a Israel hoy, tiene casi ochenta y cinco naciones que han vuelto a un país, y cada una ha traído su propia música, su propia danza y su propio arte. ¡Qué rica variedad de culturas! De ahí ha surgido toda una nueva música. Piense en lo que será cuando todas las culturas del mundo y gente de todas las razas, tribus y lenguas sean llevadas a esa ciudad, y traigan con ellos su cultura y sus conocimientos y las riquezas de sus orígenes.

Será un lugar de revelación. Sabrá todo lo que quiera saber. Por fin podrá resolver la cuestión de la predestinación y el libre albedrío. Podrá ir y preguntar a Pablo sobre todas esas partes de sus epístolas que son difíciles de entender. ¿Se lo imagina? No tendrá que acercarse a alguien y decirle: "¿Podría hablar dos minutos con usted?". Podría decir: "¿Le importa darme los próximos mil años para discutir estos temas?". Un lugar de revelación; un lugar donde conocerá tal como ha sido conocido; donde conocerá a Dios tan bien como él lo conoce ahora, y él sabe cuántos cabellos tiene en la cabeza. Si es moreno, probablemente tenga unos ciento veinte mil. Si es rubio, probablemente tenga unos ciento cinco mil; si es pelirrojo, probablemente tenga unos noventa y cinco mil, pero Dios conoce el número exacto. Por supuesto, es una tarea más fácil para él a medida que envejecemos, pero así de bien nos conoce. Dice que conoceremos, ya no mirando a través de un espejo oscuro, sino mirando cara a cara. Todas sus preguntas contestadas: piénselo. Tenemos muchas preguntas que responder. Hay misterios; hay cosas que no entendemos, y es sabio para un cristiano admitir que no sabe cuando le preguntan sobre algo de lo que no está seguro. Es más sabio decir: "No lo sé, pero lo conozco a él y creo que lo sabe, y algún día lo sabré", en lugar de intentar explicar todo el misterio. No somos Dios, pero algún día conoceremos las respuestas.

Un lugar de rectitud, de bondad positiva, de amor y alegría, de paz, de paciencia, de bondad, de generosidad, de fidelidad, de mansedumbre y de autocontrol. De nuevo, está casi más allá de nuestra imaginación. Será un lugar de regocijo. Cada imagen del cielo es una imagen feliz, una imagen de una fiesta, una imagen de un banquete, una celebración. Una de las cosas más asombrosas que he leído de labios de Jesús fue la siguiente. Jesús dijo: "Siervos míos fieles, los sentaré a la mesa y los atenderé". ¿Se imagina sentarse a la mesa, ver que le ponen un plato de comida delante y levanta la vista y es Jesús quien se lo ha traído? Tengo miedo de sentirme como Pedro que no quería que le lavaran los pies, pero eso es lo que dice. Yo le digo, si una persona leyendo este libro se arrepiente de su pecado hoy, va a tener una fiesta allá arriba. Ellos tienen una celebración cuando un pecador se arrepiente. ¿Cómo será cuando los santos vengan marchando?

Será un lugar de reconocimiento. La gente dice: "¿Cómo reconoceré a alguien?". La respuesta es: lo sabrá inmediatamente. ¿Cómo supieron Pedro, Santiago y Juan que Jesús estaba hablando con Moisés y Elías? Llevaban siglos muertos. Simplemente lo supieron. Así será con usted. "Allí está Noé. Siempre me pregunté cómo era. Ahí está Pablo, y ese es el viejo y querido Pedro". Sigamos adelante. Aún no hemos tocado lo mejor.

¿Qué convierte una casa en un hogar? ¿Las alfombras, los utensilios de cocina? No. Lo que convierte una casa en un hogar es la gente que está allí. El hogar es donde están tus seres queridos. La verdadera pregunta que debemos hacernos sobre el cielo es: ¿quiénes estarán allí? Terminaré con cuatro respuestas. Primero, los santos estarán allí. Ahora bien, habremos oído hablar de muchos de ellos – los grandes santos – y podremos hablar con ellos, llegar a conocerlos, pero habrá millones de los que nunca habremos oído hablar. Tendremos toda la eternidad para conocerlos. ¿No es emocionante? Los santos estarán allí; tantos sin nombre, muchos de los que han sido nombrados, pero mucha gente común sin nombre que fueron santos de Dios y que vencieron. Todos sus parientes espirituales estarán allí. Puede que sus parientes físicos no estén, pero sus parientes espirituales sí; una gran familia.

¿No es cierto que cuando uno se convierte se siente más cerca de sus parientes espirituales que de sus parientes físicos? Por supuesto, tenemos la responsabilidad de permanecer en total comunicación con nuestros parientes físicos. Puede que seamos el único vínculo que tienen con el Señor, pero en el fondo no podemos compartir con ellos como podemos hacerlo con nuestros compañeros creyentes. Podemos encontrarnos con un extraño y descubrir que es cristiano y podemos estar hablando en cinco minutos como si nos conociéramos desde hace veinte años. ¿Lo ha notado? La gente se sorprende. "¿Cuánto hace que conoces a esa persona?". "Acabo de conocerlo". "¡Pero hablas como si lo conocieras desde hace veinte años!". "En cierto sentido sí, porque hace veinte años que tenemos todo en común. Conocemos al mismo Señor desde hace veinte años". Los santos estarán allí.

Los ángeles estarán allí, y puede que reconozca a algunos de ellos. No aparecen con un arpa y un largo camisón blanco y alas. Si así aparecieran, sería imposible hospedar a un ángel sin darnos cuenta. La Biblia dice: "No se olviden de practicar la hospitalidad, pues gracias a ella algunos, sin saberlo, hospedaron ángeles". Es que parecen humanos. Podría haber llevado a un autoestopista y tener un ángel en su coche. Puede que lo descubra cuando llegue.

Una joven me contó una vez que caminaba sola por las oscuras calles de una de nuestras ciudades de regreso a casa. Un joven salió de entre las sombras, la agarró, le estaba arrancando la ropa y, evidentemente, iba a violarla. Ella clamó al Señor de los Ejércitos, y otro joven dobló la esquina, apartó a aquel joven de ella, la tomó del brazo y le dijo: "Vamos, Elena. Te acompañaré a casa". Ella llegó a su casa, metió la llave en la puerta, se volvió para darle las gracias, pero él no estaba y no había nadie en la calle. Lo reconocerá cuando vuelva a encontrarse con él en la gloria. No necesitamos estar pendientes de los ángeles. Necesitamos tener la fe de que Dios nos rodea con sus huestes. Los reconoceremos y diremos: "Vaya, te llevé en mi coche. Creí que eras alguien del barrio". Seamos siempre conscientes de que hay seres angélicos a nuestro alrededor. Los ángeles estarán ahí.

Jesús estará allí: el Cordero con cuernos y el León. Él dice: "Vendré para llevármelos conmigo. Así ustedes estarán donde yo esté". Eso es el cielo. No sé si miraré primero su rostro o sus manos; probablemente miraré de uno a otro. Pero ¿le daremos las gracias? Probablemente nos dirá: "No lo hice por mí. Lo hice por mi Padre. Conseguí que todos los reinos de este mundo volvieran a mis manos para poder devolvérselos a él y que él pueda ser todo en todos", lo que me lleva al clímax.

Dios estará allí. Lo verá como Rey. Verá su trono; lo adorará y, sin embargo, podrá llamarlo "Abba", "Papá", "Padre". Esto es lo más sorprendente que he descubierto en mi Biblia. Me parece que muchos cristianos nunca lo han descubierto. La Biblia no habla de que vayamos al cielo a vivir para siempre con el Padre. Habla de todo lo contrario. Dice: "El Padre se muda a la tierra para vivir con nosotros para siempre". ¿No es asombroso? La Nueva Jerusalén desciende del cielo a la tierra, pero no es solo la Nueva Jerusalén la que desciende, es Dios quien desciende, y los ángeles se asombran. Dicen: "¡Aquí, entre los seres humanos, está la morada de Dios!". No la morada de los hombres está ahora con Dios, sino la morada de Dios está ahora con los hombres.

He aquí la verdad más asombrosa. Dios va a cambiar su dirección al final de la historia. Él se mudará con nosotros. Los ángeles han estado aquí abajo y su Hijo ha estado aquí abajo, pero el gran clímax de la Biblia es que Dios se muda de casa. Su morada estará con nosotros en esa nueva tierra. Este será el centro del nuevo universo. ¿No es extraordinario? Dios, desde lo más alto del cielo, se muda aquí abajo. Ya no diremos: "Padre nuestro que estás en los cielos". Podremos decir: "Padre nuestro, con nosotros en la tierra". Ese es el clímax en mi Biblia. Dios nos ama tanto que quiere vivir con nosotros y mudarse con nosotros. Quiere ser nuestro Dios para que seamos su pueblo, y la morada de Dios al final de la Biblia es con la gente: Emmanuel, Dios con nosotros.

Suficiente de hablar del cielo. Si le dedicáramos más tiempo, nos impacientaríamos tanto con la tierra que no serviríamos de nada aquí abajo. Dios nos ha hablado lo suficiente del cielo para que estemos seguros de que existe, de que está siendo preparado. No es solo el cielo; es un cielo nuevo y una tierra nueva. Es aquí donde la Nueva Jerusalén, construida en el espacio, será la capital del reino de Dios. Al final de la Biblia, el reino de los cielos se establece en la tierra; como oramos todos los días: "Venga tu reino a la tierra, así como está en el cielo". Amén.

www.ingramcontent.com/pod-product-compliance
Lightning Source LLC
Chambersburg PA
CBHW052200110526
44591CB00012B/2018